Gestão de pessoas

Recrutamento e seleção com foco em soft skills

senac

ADMINISTRAÇÃO REGIONAL DO SENAC NO ESTADO DE SÃO PAULO

Presidente do Conselho Regional
Abram Szajman

Diretor do Departamento Regional
Luiz Francisco de A. Salgado

Superintendente Universitário e de Desenvolvimento
Luiz Carlos Dourado

EDITORA SENAC SÃO PAULO

Conselho Editorial
Luiz Francisco de A. Salgado
Luiz Carlos Dourado
Darcio Sayad Maia
Lucila Mara Sbrana Sciotti
Luís Américo Tousi Botelho

Gerente/Publisher
Luís Américo Tousi Botelho

Coordenação Editorial
Verônica Pirani de Oliveira

Prospecção
Andreza Fernandes dos Passos de Paula
Dolores Crisci Manzano
Paloma Marques Santos

Administrativo
Marina P. Alves

Comercial
Aldair Novais Pereira

Comunicação e Eventos
Tania Mayumi Doyama Natal

Edição e Preparação de Texto
Karen Daikuzono

Coordenação de Revisão de Texto
Marcelo Nardeli

Revisão de Texto
Mayra Bosco

Coordenação de Arte e Capa
Antonio Carlos De Angelis

Projeto Gráfico e Editoração Eletrônica
Sandra Regina Santana

Imagens
Adobe Stock

Impressão e Acabamento
Gráfica CS

Proibida a reprodução sem autorização expressa.
Todos os direitos desta edição reservados à

Editora Senac São Paulo
Av. Engenheiro Eusébio Stevaux, 823 – Prédio Editora – Jurubatuba
CEP 04696-000 – São Paulo – SP
Tel. (11) 2187-4450
editora@sp.senac.br
https://www.editorasenacsp.com.br

© Editora Senac São Paulo, 2024

Dados Internacionais de Catalogação na Publicação (CIP)
(Simone M. P. Vieira – CRB 8ª/4771)

Rabaglio, Maria Odete
    Gestão de pessoas: recrutamento e seleção com foco em soft skills / Maria Odete Rabaglio, Tiara Rabaglio Peres. – São Paulo : Editora Senac São Paulo, 2024.

    Bibliografia
    ISBN 978-85-396-4404-9 (Impresso/2024)
    eISBN 978-85-396-4406-3 (ePub/2024)
    eISBN 978-85-396-4405-6 (PDF/2024)

    1. Gestão de pessoas 2. Recrutamento e seleção 3. Soft skills 4. Clima organizacional I. Título.

24-2221r   CDD – 658.3
                                                  BISAC BUS030000

Índice para catálogo sistemático:
    1. Gestão de pessoas 658.3

Maria Odete Rabaglio
Tiara Rabaglio Peres

Gestão de pessoas
Recrutamento e seleção com foco em soft skills

Editora Senac São Paulo – São Paulo – 2024

Sumário

Prefácio | 7

Agradecimentos | 9

Apresentação | 11

Competências na área de gestão de pessoas | 15

Competências e sua importância no cenário ágil em que vivemos | 17
Foco em competências comportamentais e socioemocionais (soft skills) | 19
Como identificar e utilizar as competências a favor da área
   de gestão de pessoas | 20
Considerações finais | 23

Como e por que implantar seleção com foco em soft skills | 25

Cenário atual | 26
Etapas do processo seletivo | 30
Acessibilidade | 33
Etapas para implantar recrutamento e seleção por competências | 35
Benefícios do recrutamento e seleção com foco em soft skills | 38
Considerações finais | 39

Mapeamento e mensuração de perfil do cargo | 41

A base para a mensuração de perfil do cargo | 42
A base para criação das ferramentas da gestão por competências | 50
Considerações finais | 51

Jogos com foco em soft skills | 53

Conceito e aplicação de jogos na seleção com foco em soft skills | 54
Jogos de aquecimento e observação de soft skills | 60
Jogos para observação de soft skills específicas | 63
Considerações finais | 67

Entrevista comportamental com foco em soft skills | 69

Acolhimento do candidato tanto presencial quanto on-line | 70
Técnicas para entrevista comportamental com foco em soft skills | 71
Considerações finais | 85

Parecer do processo seletivo | 87

Estrutura do parecer da entrevista comportamental com foco em soft skills | 88
Observações importantes sobre a avaliação comportamental (soft skills) | 92
Considerações finais | 94

Entrevista técnica | 95

Entrevista técnica com o requisitante | 97
Considerações finais | 100

Desenvolvimento de soft skills: de candidato a colaborador | 101

Acompanhamento e desenvolvimento das soft skills com gaps | 102
Considerações finais | 105

Soft skills essenciais para o profissional de recrutamento | 107

Soft skills essenciais para recrutadores | 108
Autoavaliação de soft skills para quem trabalha com recrutamento e seleção | 111
Considerações finais | 114

Anexos – Ferramentas práticas para o processo seletivo e para o recrutador | 115

Soft skills para consulta | 116
Perguntas comportamentais com foco em soft skills | 117

Referências | 129

Prefácio

Há 22 anos, quando comecei a trilhar o caminho da gestão por competências, jamais poderia imaginar que um dia estaria aqui, escrevendo o prefácio de uma obra tão rica e transformadora. Naquela época, Maria Odete Rabaglio já era um farol de sabedoria e inspiração, guiando profissionais como eu com suas ideias inovadoras e práticas de mercado embasadas em muito estudo e experiência. Odete, que se tornou minha mentora por meio de suas obras, me ensinou tudo que sei sobre gestão por competências e me mostrou a importância de olhar para as pessoas com um foco genuíno em suas habilidades e potencialidades.

Este livro que você tem agora em mãos é uma verdadeira joia para qualquer profissional de gestão de pessoas e lideranças organizacionais. Com uma abordagem estratégica, atual e mensurável, a obra capacita a gerir processos seletivos de ponta a ponta, com um foco especial nas soft skills que são cruciais para cada situação. Por meio de uma metodologia própria e pioneira, referência no Brasil, as autoras nos entregam ferramentas, exemplos e testes que tornam possível implementar o recrutamento e seleção por competências de maneira eficaz e eficiente.

Acompanhando Odete nesta jornada, está sua filha, Tiara Rabaglio. Tiara tem seguido os passos da mãe com maestria, trazendo um frescor e uma visão contemporânea que enriquecem ainda mais este trabalho. A continuidade deste legado é um presente inestimável para as novas gerações de profissionais de recursos humanos e desenvolvimento de pessoas.

A leitura desta obra não é apenas um convite para melhorar práticas profissionais. É também uma chamada para transformar a maneira como vemos e valorizamos as pessoas em nossas organizações. Ao implementar as estratégias e técnicas aqui apresentadas, você estará não só conquistando credibilidade interna e externa, mas também contribuindo para um ambiente de trabalho mais ético, imparcial (sem vieses) e focado no desenvolvimento humano.

Cada capítulo deste livro é uma oportunidade de aprendizado. Desde a implantação do recrutamento por competências até a condução de entrevistas comportamentais e jogos em grupo para investigar soft skills, a obra nos guia por um caminho estruturado e repleto de insights práticos. A mensuração das soft skills, a parceria estratégica entre recrutamento e desenvolvimento de pessoas e a capacitação das lideranças são apenas alguns dos temas que destacam a profundidade e a relevância desta leitura.

Odete e Tiara Rabaglio nos entregam uma obra que é um verdadeiro manual para quem deseja não apenas recrutar, mas também desenvolver e potencializar talentos de maneira estratégica e humana. Este livro é um testemunho de que, com as ferramentas e abordagens certas, é possível transformar o processo seletivo em uma verdadeira alavanca para o sucesso organizacional.

Para estudantes e desbravadores que buscam uma metodologia prática e mensurável nos temas de gestão por competências e soft skills, este livro será uma referência essencial. Com ferramentas práticas como etapas para implantar recrutamento, testes de maturidade, fluxos de processos e jogos de grupo, a obra oferece tudo o que é necessário para que você se torne uma referência no tema e na área.

Convido você a mergulhar nesta leitura com mente aberta e coração receptivo. Que cada página inspire e capacite você a olhar para o futuro com mais clareza e confiança, sabendo que o comportamento e as soft skills são, de fato, nossos diferenciais de sucesso.

Boa leitura!

Isabela Cavalheiro

Agradecimentos

Ao Senac e a todos os profissionais envolvidos na elaboração deste livro, pela responsabilidade, comprometimento e detalhamento com que trabalharam para entregar máxima qualidade; parabenizo e agradeço imensamente pela confiança, parceria e pela escolha de incluir a metodologia Rabaglio em sua biblioteca, o que muito nos honra. Desta parceria, nasceu uma nova obra que entrega ao mercado a metodologia mais atualizada e precisa para fazer recrutamento e seleção com foco em hard e soft skills. Agradeço à minha filha, Tiara Rabaglio, pela carreira brilhante que está construindo e por ter conseguido fazer milagre com a administração do tempo para que tudo fosse entregue com o amor e o zelo que merece, acrescentando sua vivência prática à obra. Agradeço especialmente a Deus por ter me inspirado com o desenvolvimento desta metodologia e, assim, poder ajudar o mercado de recursos humanos a utilizar um material lógico, objetivo, estruturado e mensurável que passa credibilidade para seus clientes internos e externos.

Com carinho,
Maria Odete Rabaglio

A Deus, por me sustentar e permitir. Ao Senac, pela confiança e parceria de profissionais tão competentes e dedicados que nos honraram com este trabalho. À minha mãe, Maria Odete Rabaglio, uma mulher disruptiva e inquieta que não gosta de subjetividade e que é exemplo e inspiração profissional e pessoal; por isso, sigo com seu legado que melhorou muitas organizações Brasil afora e capacitou muitos profissionais competentes, oferecendo um novo olhar e uma nova metodologia em busca das melhores e mais atuais práticas de mercado para gestão de pessoas. A mim, pela coragem. À minha família, que é meu motivo, minha força e fonte de amor. Às empresas, aos clientes e aos colegas por onde passei, pois deixei um pouco de mim e levei um pouco de cada um, construindo uma bagagem vasta, rica e verdadeira.

Com carinho, gratidão e admiração,
Tiara Rabaglio Peres

Apresentação

Pessoas são o ativo mais valioso de qualquer organização, tudo é feito por pessoas e para pessoas. Elas precisam, portanto, de processos bem definidos, critérios e diretrizes claras e objetivas para que possam entregar excelência, alinhada à cultura e à estratégia da organização. Para cumprir esse desafio, esta obra apresenta as ferramentas mais atuais e estratégicas para atrair e gerir pessoas com foco em competências técnicas e comportamentais (hard e soft skills). Todo o conteúdo deste livro é voltado para a aplicação imediata na rotina de trabalho na área de recursos humanos (RH), liderança e gestão de pessoas. A metodologia adotada se baseia em mensuração das hard e soft skills, aliada a critérios claros e bem definidos que trarão maior segurança e credibilidade a todo o processo de avaliação de perfil do candidato e do cargo. Desse modo, é possível encontrar o perfil mais compatível com o cargo, além de trabalhar no desenvolvimento do candidato ao se tornar um colaborador, criando e fortalecendo uma parceria de sucesso com o time de desenvolvimento humano – ou seja, um ciclo completo, e sempre apoiando a estratégia da organização.

O livro foi escrito de maneira acessível e objetiva, visando atender tanto quem já trabalha com gestão de pessoas quanto quem pretende trabalhar, além de profissionais de qualquer área de atuação que desejam gerir talentos de modo mais estratégico, assertivo e personalizado, de acordo com as necessidades atuais de atração e retenção de talentos.

Até pouco tempo atrás, a área de gestão de pessoas não trabalhava com dados, não utilizava ferramentas de mensuração e indicadores, e ainda hoje temos muitas empresas trabalhando dessa maneira, com dificuldade em atingir bons resultados e conseguir credibilidade para a área com processos que não são mensuráveis. A área de gestão de pessoas trabalhava subjetivamente, com a intuição, e não conseguia explicar com clareza para os gestores os critérios de sua avaliação em relação aos candidatos, sem nenhum controle e amparo de ferramentas mensuráveis para gerar um resultado preciso, profissional e com histórico para ser acompanhado e replanejado.

Se não foi ou não é o seu caso, com certeza conhece alguém que já passou por isso, em que muito retrabalho, desgaste e sofrimento eram ou são comuns, e o pior de tudo: sem capacidade para identificar as dores da gestão de pessoas e até mesmo para afirmar com segurança se o candidato tem ou não perfil para o cargo, ou quais soft skills estão dentro do perfil, quais estão abaixo do necessário e em quais atividades isso irá impactar.

Sabemos o quanto esse cenário mudou e que a área de RH/gestão de pessoas, ou desenvolvimento humano e organizacional, além de ser a porta de entrada, permanência e saída, é também o coração das organizações, responsável por disseminar a cultura e a estratégia da organização. É uma área que atrai, contrata, desenvolve e faz os trâmites do desligamento, além de cuidar do colaborador enquanto ele permanecer na organização, com projetos para o desenvolvimento de competências técnicas e comportamentais, estratégicas para o momento da organização, de acordo com o planejamento estratégico.

O RH/gestão de pessoas é sempre muito cobrado para ser estratégico, mas é preciso ser estratégico ou estar alinhado à estratégia da organização? Por aqui, nossa percepção e dica é que o RH é responsável por disseminar a estratégia de gestão de pessoas da organização, fazendo com que essa estratégia chegue para todos os colaboradores e, principalmente, para as lideranças, por meio de ações, programas e conteúdos que façam com que todos caminhem para um objetivo comum: cumprir o planejamento estratégico da organização. Afinal, essa é a verdadeira tradução de espírito de equipe.

Assim, é essencial que a área de recrutamento e seleção esteja alinhada à estratégia, à cultura, às diretrizes e aos objetivos, bem como aos números e às principais soft skills da organização.

E se, somado a tudo isso, você puder contratar o perfil comportamental mais compatível com as atividades para o cargo? Isso demandará menos investimento em desenvolvimento e culminará em entregas mais assertivas, estratégicas e eficazes. E não é exatamente isso que a organização e as lideranças querem?

Com a metodologia apresentada neste livro, você poderá fazer isso. E mais, poderá oferecer uma nova maneira de fazer gestão e desenvolver pessoas com foco em soft skills!

CAPÍTULO 1

Competências na área de gestão de pessoas

> "As pessoas são contratadas pela habilidade técnica, e são demitidas pelo comportamento." – Peter Drucker, escritor, professor e consultor administrativo, considerado o pai da administração moderna

Quem nunca ouviu falar ou presenciou uma demissão por comportamento inadequado?

Pessoas são, em geral, contratadas pelas competências técnicas (hard skills) e demitidas pelas competências comportamentais (soft skills). Isso quer dizer que existem pessoas incríveis tecnicamente, com muito conhecimento e domínio técnico, mas que não conseguem demonstrar habilidades como comunicar-se de maneira efetiva, relacionar-se de modo positivo e tão pouco gerir com equilíbrio as próprias emoções. Sabemos que ser um excelente técnico não é suficiente, o comportamento precisa ser compatível com a cultura e o cargo, principalmente pensando na valorização de um ambiente psicologicamente seguro e saudável para todos.

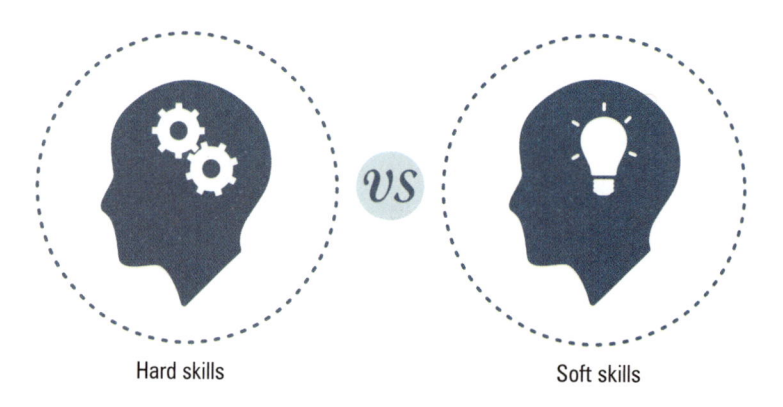

Hard skills vs Soft skills

Com o entendimento de que as soft skills são essenciais para contratações bem-sucedidas, as análises de competências no processo seletivo envolverão cada vez mais as competências comportamentais, em vez de manter o foco apenas nas competências técnicas.

Este é um tema que está em alta há muitos anos e que continuará por muitos mais. Mudam as nomenclaturas, ampliam-se os significados, criam-se variações, mas sempre falaremos de competências, principalmente as comportamentais, que são o diferencial de sucesso para a carreira e para a vida.

Competências e sua importância no cenário ágil em que vivemos

Precisamos entender com clareza que competência é diferente de ser competente. No âmbito da gestão de pessoas, ser competente é ser bom no que faz, é ser capaz, é estar qualificado. Ter competências se refere a um conjunto de habilidades socioemocionais e comportamentais adquiridas ao longo de sua formação como ser humano, com base em suas vivências e aprendizados, e que podem ser obtidas ou aprimoradas também por meio de atividades, situações e cursos específicos.

Para a gestão de pessoas, "competência" pode ser definida como um conjunto de conhecimentos, habilidades e atitudes necessárias para realizar as atividades de cada cargo ou função. Esse conjunto está presente no repertório técnico e comportamental de cada indivíduo.

Assim, a tríade conhecimentos, habilidades e atitudes (CHA) compõe o conceito de competência na área de gestão de pessoas. O CHA já foi atualizado com outras letras, como "V" de valores, "E" de emocional e "R" de resultados, mas neste livro usaremos a forma original, pois acreditamos que ela já contém tudo que foi acrescentado até agora na letra "A" de atitudes. O CHA, portanto, é completo, contém tudo que está relacionado à definição de perfil.

Para que seja possível acompanhar o conteúdo e a metodologia presentes neste livro, vamos primeiro entender os conceitos de competências técnicas e comportamentais:

- **Competências técnicas ou hard skills:** comandadas pelo hemisfério esquerdo do cérebro, elas são os prerrequisitos técnicos para o cargo. As hard skills podem ser aferidas por meio de testes técnicos, desenvolvidos internamente entre a liderança da área e o recrutamento, de acordo com as características do cargo e a cultura da organização. Exemplos de competências técnicas incluem formação acadêmica, pacote Office, tempo de experiência mínimo na área, noções de cálculo, domínio de um segundo idioma, prática com um certo sistema e experiência com um determinado equipamento.

- **Competências comportamentais ou soft skills:** comandadas pelo hemisfério direito do cérebro, elas são os prerrequisitos comportamentais e socioemocionais para o cargo. As soft skills podem ser aferidas por meio de entrevista comportamental com foco em competências, que é uma técnica de entrevista investigativa, e pela mensuração da entrevista. Tudo isso tendo como base o mapeamento e a mensuração das soft skills necessárias para o cargo. Exemplos de competências comportamentais incluem inovação, criatividade, pensamento crítico, resolução de problemas, comunicação, proatividade, resiliência, adaptabilidade, empatia, saber ouvir, planejamento, liderança coaching, ética, respeito, equilíbrio emocional, rendimento sob pressão, tomada de decisão e gestão do tempo.

Portanto, hoje potencializamos o desenvolvimento humano por meio do aumento de conexões cerebrais entre os dois hemisférios, uma vez que o hemisfério direito não é mais subestimado pela grande maioria das empresas e gestores, como já foi durante muito tempo.

Todo indivíduo tem seu próprio repertório técnico e comportamental. A área de gestão de pessoas é responsável por definir quais competências são essenciais para o cargo e buscar entre os candidatos o perfil que mais se adequa a esse conjunto ideal.

No próximo tópico, falaremos mais detalhadamente sobre as soft skills, o fundamento da metodologia do processo seletivo que apresentamos nesta obra.

Foco em competências comportamentais e socioemocionais (soft skills)

As soft skills são características individuais que compõem um perfil comportamental, nós as utilizamos em tudo que fazemos. Todo indivíduo tem um perfil comportamental específico, que pode até ser bom, mas, se não for compatível com a necessidade do cargo, não terá bons resultados.

Portanto, as soft skills são comportamentos ou atitudes específicas que podem ser compatíveis ou incompatíveis com o perfil do cargo ou função. Elas atuam em conjunto, ou seja, nunca utilizaremos apenas uma competência em uma atividade, sempre utilizaremos duas ou mais similares e complementares.

Para entregas eficazes, todo cargo ou função requer um conjunto de competências específicas, tanto técnicas quanto comportamentais, socioemocionais e valores. No cenário ágil em que vivemos, o comportamento é cada vez mais visto como um diferencial de sucesso, pois é necessário aprender, desaprender e reaprender em uma velocidade jamais vista para acompanhar o avanço tecnológico e as inovações de sua área de atuação, visando garantir vantagem competitiva. E é claro que tudo isso requer muitas atitudes e comportamentos específicos, como adaptabilidade, proatividade, resiliência, inovação, visão estratégica, empreendedorismo, etc. Soft skills podem ser aprimoradas ou desenvolvidas para o sucesso da carreira e da organização.

Podemos definir "comportamento" como características intrínsecas e pessoais que podem ser observadas e mensuradas por meio de técnicas como entrevista comportamental, avaliação por competências e jogos de grupo, e proporcionar subsídio para o desenvolvimento de soft skills. Essas características produzem alterações nos resultados de cada indivíduo e de cada atividade do cargo ou função.

Observe o quadro 1.1 e perceba como o comportamento pode ser observável. Ao ler os comportamentos do quadro, pense em pessoas, grupos de trabalho/estudo ou mesmo em amigos e familiares, e tente lembrar se alguém já demonstrou ou demonstra essas atitudes.

Quadro 1.1 – Comportamentos ou atitudes

Indivíduo 1	Indivíduo 2
Planejador	Improvisador
Decidido	Indeciso
Responsável	Irresponsável
Focado	Distraído
Flexível	Inflexível
Adaptável	Resistente à mudança
Cooperativo	Individualista

É possível identificar as características descritas no quadro 1.1 utilizando as técnicas corretas e de acordo com a necessidade ou estratégia da área de gestão de pessoas e da organização. Chamamos isso de leitura de comportamento, que é desenvolvida com o uso da metodologia e da prática. No próximo tópico, abordaremos mais esse assunto, e, com o passar do tempo, você será cada vez mais capaz de identificar as soft skills, enxergando e evidenciando a conexão entre elas e as atividades em que são usadas para entregas eficazes.

Como identificar e utilizar as competências a favor da área de gestão de pessoas

A área de gestão de pessoas precisa estar preparada com as melhores práticas de mercado para identificar e reter perfis específicos e estratégicos. Os profissionais de recrutamento e seleção devem ser investigadores de competências comportamentais específicas, de acordo com a necessidade do cargo/função.

A base da identificação do perfil de competências (hard e soft skills) se dá por meio da análise da descrição de cargo, que é a base, o ponto de partida, para o mapeamento das competências necessárias para cada cargo/função, projetos e/ou atividades.

O mapeamento do perfil do cargo, por sua vez, se dá por meio de análise criteriosa das atividades listadas na descrição de cargo, ou seja, as competências (tanto hard como soft skills) devem ser extraídas com base nas atividades dos cargos, que são os indicadores de competências. Desse modo, é possível obter o perfil de competências técnicas e comportamentais essenciais para a realização das atividades, atribuições ou responsabilidades de cada cargo.

Algumas organizações trabalham com um grupo único de competências comportamentais para recrutar e avaliar seus talentos e, portanto, não obtém bons resultados. Essa padronização não faz sentido, já que existem muitos cargos/funções que exercem atividades variadas dentro de uma mesma organização. Para a eficácia nos resultados, é necessário ter ferramentas específicas para cada cargo.

PRÁTICA

Vamos a exemplos práticos, utilizando de maneira genérica algumas das soft skills necessárias para os cargos de motorista, desenvolvedor de sistemas e gerente de atendimento.

- Cargo: motorista

    Soft skills necessárias: comunicação, prudência, capacidade de risco, atenção aos detalhes, capacidade de cumprir normas e procedimentos.

- Cargo: desenvolvedor de sistemas

    Soft skills necessárias: capacidade de análise, atenção, concentração, foco em resultado, visão sistêmica, foco no cliente, tomada de decisão e resiliência.

- Cargo: gerente de atendimento

    Soft skills necessárias: liderança estratégica, comunicação, clareza, trabalho em equipe, visão sistêmica, planejamento, capacidade de análise, resiliência, empatia e saber ouvir.

Note nos exemplos apresentados que foi possível evidenciar diferentes soft skills em cada caso, ou seja, não faz sentido buscar profissionais com base em um grupo único de competências, concorda?

Na gestão de pessoas, é essencial e necessário identificar, reconhecer e desenvolver as competências dos colaboradores. Ter uma equipe com habilidades técnicas sólidas é crucial, mas ter colaboradores com competências como empatia, liderança e adaptação é igualmente importante para promover um ambiente de trabalho saudável e produtivo.

Considerações finais

As competências técnicas e comportamentais desempenham papéis fundamentais tanto no processo seletivo quanto na gestão eficaz de pessoas. Identificar e avaliar essas competências é essencial para garantir que o candidato certo seja selecionado para a função adequada e que os colaboradores sejam desenvolvidos de maneira assertiva.

Segundo a lista de habilidades que estão e estarão em alta no mercado de trabalho regularmente emitida pelo Fórum Econômico Mundial (WEF, 2023), fica evidente que, em média, como referência do que é requerido pelo mercado organizacional, 30% são hard skills (competências técnicas) e 70% são soft skills (competências comportamentais), demonstrando a especial atenção voltada às soft skills como diferencial de sucesso (Isae, [s. d.]).

Portanto, a integração equilibrada e eficaz das competências técnicas e comportamentais no processo seletivo e na gestão de pessoas é essencial para o sucesso e o crescimento sustentável de uma organização.

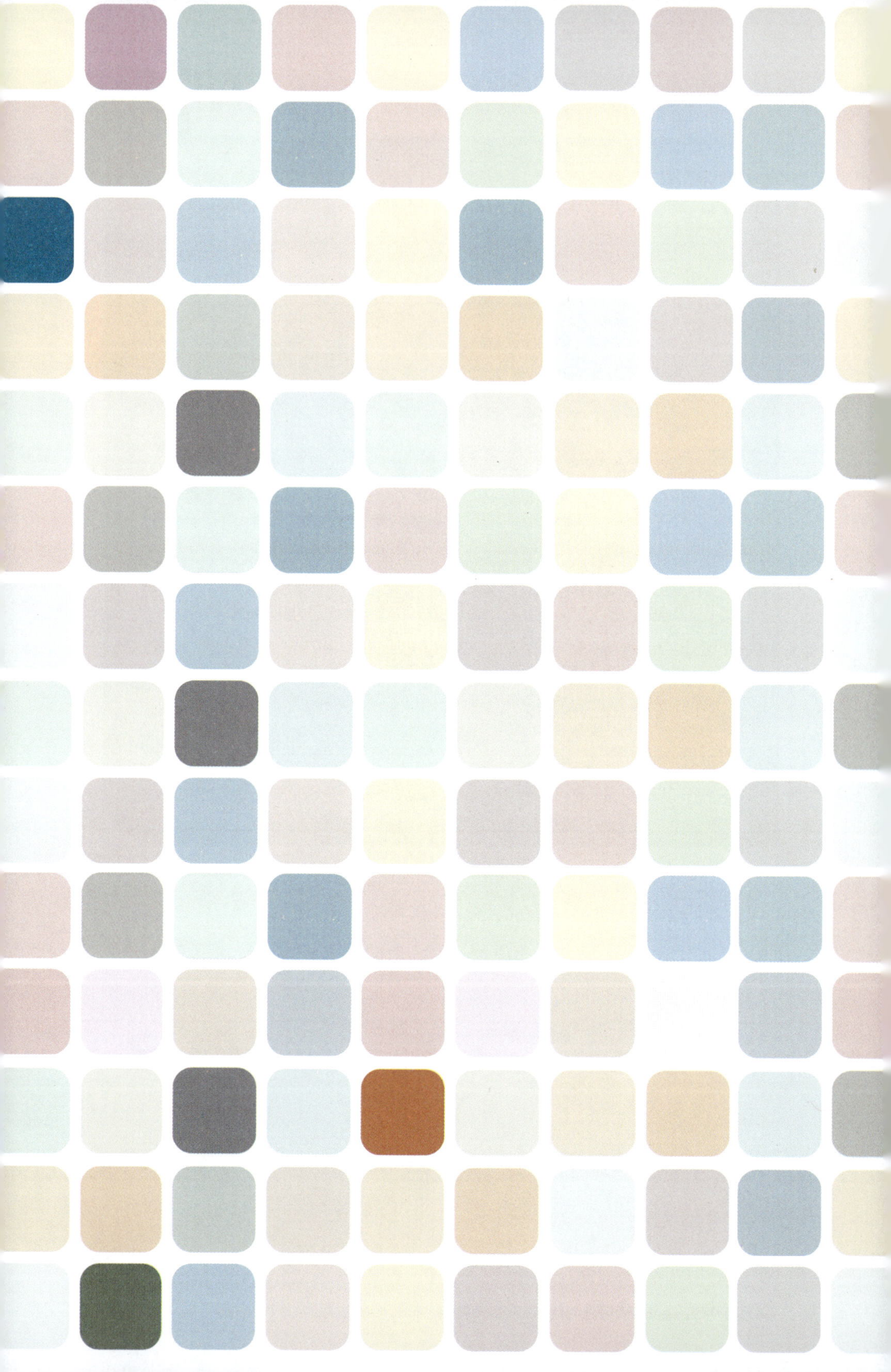

CAPÍTULO 2

Como e por que implantar seleção com foco em soft skills

A chave para o sucesso é a preparação?

Podemos afirmar que sim! Há uma conhecida frase atribuída ao general cartaginês Aníbal (247 a.C. – c. 183 a.C.), considerado um dos maiores estrategistas militares da história, que diz: "ou iremos encontrar um caminho, ou construiremos um". Refletindo sobre a frase e a trazendo para nosso contexto, convidamos você a buscar e construir um caminho para alcançar o sucesso. Neste capítulo, conheceremos o cenário atual, as etapas do processo seletivo e os benefícios do recrutamento e seleção com foco em soft skills. Vamos, então, iniciar nossa jornada!

Cenário atual

A área de recursos humanos é essencial para o ambiente corporativo em razão de seu papel estratégico dentro da organização. Ela é responsável pelo gerenciamento de pessoas, incluindo, entre outras atribuições, recrutamento, seleção, treinamento, avaliação de desempenho e cultura. Atualmente, existem duas tendências em alta no mercado:

1. As organizações estão menos preocupadas com os prerrequisitos técnicos (hard skills) e mais focadas nos prerrequisitos comportamentais (soft skills). Nesta tendência, acredita-se que é mais assertivo e eficaz ensinar o "trabalho" do que mudar comportamentos.

2. Quando se fala em "plano de carreira", acredita-se nesta tendência que a carreira é do indivíduo, e não da organização em si, portanto, cada um deve ser protagonista de seu desenvolvimento e crescimento profissional. Isso, sem dúvida, envolve muitas competências comportamentais (soft skills), consideradas nos processos seletivos mais modernos.

Não é novidade que a área de gestão de pessoas/recursos humanos tem sido cada vez mais demandada pela área estratégica e pela alta gestão das empresas. A área de recrutamento especificamente, que é a porta de entrada, é responsável por contratar talentos com comportamentos e atitudes aderentes à cultura e ao negócio, talentos que tenham compatibilidade com as soft skills da organização e do cargo.

Fica evidente, portanto, que o perfil comportamental é o diferencial do sucesso. Para identificar um perfil comportamental compatível com o cargo ou função, é preciso antes mapear e mensurar o perfil do cargo ou função em questão, para, então, investigar por meio da entrevista comportamental qual candidato tem o perfil mais aderente, ou seja, que terá sucesso nas atividades do cargo ou função.

A área de gestão de pessoas é responsável por muitos subsistemas, processos, ferramentas e ações imprescindíveis para o desenvolvimento estratégico e sustentável de qualquer organização. É uma área que carrega créditos, mas também muitas "culpas". Normalmente, o RH é responsabilizado quando:

- a liderança contrata um perfil incompatível com o cargo;
- um candidato não passa do período de experiência ou quando o turnover é alto;
- o processo seletivo não acontece no tempo desejado; e
- um perfil é reprovado de maneira subjetiva.

No entanto, após aplicar a metodologia de recrutamento e seleção por competências, o RH será responsabilizado por:

- utilizar técnicas que atendam aos processos seletivos mais modernos;
- investigar soft skills específicas e estratégicas para o cargo;
- entregar candidatos cada vez mais aderentes ao perfil dos cargos e das atividades;
- enviar informações detalhadas, objetivas e mensuráveis aos requisitantes;
- atender à expectativa dos gestores;
- aumentar a credibilidade da área e a satisfação dos gestores e da organização;
- fortalecer parcerias e potencializar resultados;

- fornecer subsídios para a área de treinamento e desenvolvimento de pessoas (T&D), como os gaps de competências que o candidato, agora colaborador, tem para desenvolver. Os gaps de competências são as hard e/ou soft skills que necessitam de aprimoramento, é o que falta desenvolver ou aprimorar no perfil do candidato em relação ao perfil exigido pelo cargo para um desempenho de excelência na função.

> **IMPORTANTE**
>
> Existe muita especulação no mercado de gestão de pessoas com fórmulas que não se explicam. Na metodologia que apresentamos aqui, há total transparência e objetividade, e todas as ferramentas são mensuráveis. A mensuração não é invenção nem é de origem desconhecida. Ela é calculada com base em indicadores de competências da empresa e dos cargos, conforme explicaremos em detalhes neste livro.

Antes de começarmos com alguns conceitos importantes e partir para a metodologia que vai mudar para sempre sua atuação na gestão de talentos, vamos fazer um teste (quadro 2.1) para verificar se sua empresa já é adepta do recrutamento e seleção por competências e se ela necessita de algum ajuste.

Quadro 2.1 – Teste de maturidade do processo seletivo

Questões	Sim/Não
A empresa utiliza uma metodologia com foco em hard e soft skills?	
A empresa capacitou a equipe para atuar com recrutamento e seleção com foco em soft skills?	
A empresa tem descrições de cargo completas e atualizadas?	
A empresa tem todos os cargos mapeados e mensurados, com as competências (hard e soft skills) necessárias para o sucesso das atividades?	
A empresa tem entrevistas personalizadas com foco em soft skills?	
A empresa utiliza a técnica de entrevista comportamental?	
A empresa faz mapeamento de perfil de todos os cargos com base em indicadores de cargos, com procedimentos técnicos?	
A empresa faz mensuração de soft skills com base em indicadores de competências dos cargos?	
A empresa tem todas as ferramentas de entrevista e seleção por competências (cargos mapeados e mensurados, entrevista comportamental e jogos com foco em soft skills) atualizadas, prontas para usar nos processos seletivos?	
A empresa investe na parceria entre recrutamento e seleção e treinamento e desenvolvimento?	
A empresa tem um parecer final de entrevista estruturado e que todos os requisitantes possam interpretar corretamente?	
A empresa capacitou todas as lideranças para o uso da técnica de recrutamento e seleção por competências?	
A empresa cria metas de desenvolvimento com base nos gaps das entrevistas, para o desenvolvimento personalizado do colaborador contratado?	
A empresa faz pesquisa pós-recrutamento ou utiliza indicadores para identificar a efetividade das contratações?	
A empresa revisa e atualiza as descrições de cargo e as ferramentas de recrutamento com foco em soft skills?	

Todas as respostas do quadro devem ser "sim". Se não é o caso, significa que a empresa ainda não tem um processo maduro de recrutamento por competências. Mas nem tudo está perdido, e você tem a oportunidade de construir um plano de ação para mudar esse cenário. Após a leitura deste livro, você terá subsídios suficientes para implementar recrutamento e seleção por competências, e passar por sabatina por qualquer um dos gestores de sua organização, conquistando credibilidade e confiança de seus clientes internos.

Etapas do processo seletivo

Ao contratar um perfil comportamental compatível com as atividades para o cargo e com o negócio, a organização automaticamente fará menos investimentos em desenvolvimento e terá entregas estratégicas e eficazes. Desse modo, é essencial que a área de recrutamento e seleção esteja alinhada aos aspectos fundamentais da organização, como valores, estratégia, cultura, diretrizes e objetivos, assim como as principais soft skills requeridas.

O processo seletivo com foco em soft skills, conforme a metodologia adotada neste livro, pode ser dividido em treze etapas:

1. Alinhar com o requisitante o perfil do candidato desejado/requerido.

2. Fazer um levantamento das atividades do cargo (descrição do cargo atualizada).

3. Mapear e mensurar a descrição do cargo, evidenciando o perfil de hard e soft skills exigido pelo cargo para a construção de ferramentas personalizadas para o processo seletivo com foco em soft skills.

4. Divulgar a vaga em canais pertinentes, internos e/ou externos.

5. Fazer a triagem de currículos/candidatos, já identificando (entre os currículos escolhidos) se algum candidato tem alguma deficiência para que possa solicitar os recursos de acessibilidade necessários e, assim, garantir um processo seletivo igualitário para todos.

6. Realizar testes técnicos (se necessário), por exemplo, teste de inglês ou português, Excel, matemática financeira, exame prático de motorista, banca técnica e aula-teste. Esses testes têm como objetivo eliminar candidatos que não tenham a competência técnica obrigatória para a vaga, aquela que o impedirá de exercer as atividades do cargo, otimizando, assim, o tempo do processo seletivo e das pessoas envolvidas.

7. Realizar teste psicológico (se necessário).

8. Utilizar o jogo com foco em soft skills (se necessário), que tem como objetivo eliminar os candidatos com mais gaps nas competências comportamentais, ou seja, as soft skills requeridas, otimizando, assim, a quantidade de entrevistas.

9. Fazer a entrevista comportamental com foco em competências, que identifica se as soft skills do candidato são compatíveis com as do cargo pretendido.

10. Produzir um parecer do processo seletivo com todas as informações coletadas até esta etapa e compartilhar com o requisitante da vaga, para que ele conheça os candidatos e não faça perguntas que já tenham a resposta no parecer, otimizando, assim, a entrevista técnica.

11. Fazer a entrevista técnica com o requisitante da vaga (somente com os finalistas).

12. Realizar a devolutiva do parecer final de cada finalista, também preenchida pelo requisitante da vaga, com o aprovado e os reprovados.

13. Consolidar a contratação.

A figura 2.1 apresenta o fluxograma do processo seletivo de maneira resumida, para facilitar a visualização do processo como um todo.

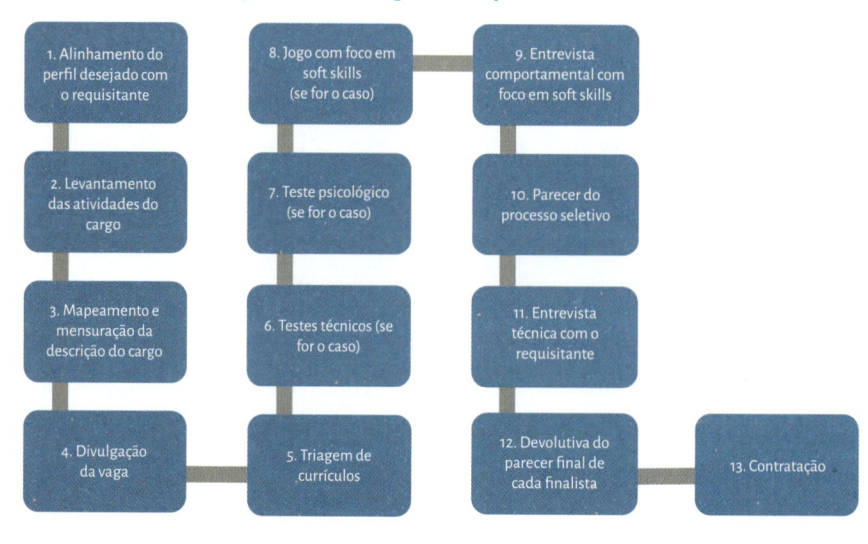

Figura 2.1 – Fluxograma do processo seletivo

1. Alinhamento do perfil desejado com o requisitante
2. Levantamento das atividades do cargo
3. Mapeamento e mensuração da descrição do cargo
4. Divulgação da vaga
5. Triagem de currículos
6. Testes técnicos (se for o caso)
7. Teste psicológico (se for o caso)
8. Jogo com foco em soft skills (se for o caso)
9. Entrevista comportamental com foco em soft skills
10. Parecer do processo seletivo
11. Entrevista técnica com o requisitante
12. Devolutiva do parecer final de cada finalista
13. Contratação

Todas essas etapas são fundamentais para um processo seletivo completo, assertivo e mensurável. Por meio dessa metodologia, você será capaz de selecionar os candidatos mais adequados e compatíveis com o cargo, ao mesmo tempo que oferece um novo modo de fazer gestão e de desenvolver pessoas com foco em soft skills.

Nesta obra, vamos nos ater especificamente à construção das etapas mais estratégicas do processo seletivo baseadas em nossa metodologia, são elas: mapeamento e mensuração do perfil de soft skills do cargo ou função, jogos com foco em soft skills, entrevista comportamental com foco em soft skills, parecer do processo seletivo e entrevista técnica.

Acessibilidade

> "Inclusão é simplesmente fazer tudo pensando nas pessoas que existem. E não considerando pessoas que você gostaria que existissem." – Claudia Werneck, jornalista e fundadora da Escola de Gente, em entrevista para o *Correio Braziliense*

A equidade no processo seletivo é fundamental para garantir que todos os candidatos tenham oportunidades justas de emprego, independentemente de sua origem, gênero, etnia ou qualquer outra característica pessoal. Esse princípio não apenas promove um ambiente de trabalho mais diversificado e inclusivo, mas também ajuda as empresas a aproveitarem um leque mais amplo de perspectivas, o que pode levar a soluções mais inovadoras e eficazes.

A acessibilidade em processos seletivos é uma questão de inclusão e equidade que beneficia toda a sociedade. Muito mais que somente cumprir com obrigações legais, quando uma empresa adota práticas acessíveis, ela abre caminho para uma diversidade maior de talentos e perspectivas. Isso é crucial, uma vez que a diversidade no local de trabalho tem sido associada à inovação e ao melhor desempenho.

Desse modo, tornar um processo seletivo acessível significa garantir que todos os candidatos, independentemente de suas condições físicas, mentais ou sensoriais, possam participar de maneira igualitária. Isso envolve desde a disponibilização de materiais em formatos acessíveis, como Braille ou áudio, até a adaptação de espaços físicos e tecnologias assistivas durante entrevistas e testes.

A acessibilidade nos processos seletivos ajuda a combater o desemprego e as barreiras significativas no mercado de trabalho. Empresas que promovem a inclusão não só ampliam suas bases de recrutamento, como também cultivam uma imagem corporativa positiva e responsável, atraindo consumidores e parceiros que valorizam a responsabilidade social. Portanto, investir em acessibilidade é, além de um ato de justiça, uma estratégia inteligente e eficaz para qualquer organização.

O processo seletivo para pessoas com deficiência (PcD) é igual ao processo para pessoas sem deficiência. O que muda são os recursos necessários durante o processo seletivo para garantir a equidade, ou seja, as mesmas condições de participação para todos.

Processos seletivos acessíveis para todos

Como há muita preocupação quando se fala em processo seletivo para pessoas com deficiência, vamos procurar neste tópico desmistificar isso.

O processo seletivo em si deve ser o mesmo tanto para candidatos com quanto sem deficiência. A única diferença é que, para candidatos com deficiência, o recrutador precisará identificar e providenciar os recursos de acessibilidade necessários para todas as etapas do processo, por exemplo, intérprete de libras, letras maiores nos documentos e ambiente sem muitos estímulos visuais. Isso, claro, se identificar que é necessário. Esse acompanhamento deve se estender até a última etapa, ou seja, deve ocorrer durante todo o processo seletivo.

A entrevista técnica com a liderança requisitante normalmente é a maior preocupação da área de recrutamento, pois a maioria das pessoas não sabe lidar com a situação e precisa de preparação e orientação. Nas primeiras entrevistas com PcD dos requisitantes, recomendamos que acompanhe a liderança até que ela possa conduzir sozinha com segurança.

Caso sua empresa tenha uma equipe voltada à diversidade e inclusão, trabalhar em parceria com ela é essencial e muito valioso. A equipe de diversidade e inclusão pode ajudar a identificar, por meio do laudo ou deficiência declarada, as necessidades de acessibilidade dos candidatos, bem como onde conseguir tais recursos.

Vale ressaltar que para qualquer candidato, PcD ou não, o princípio é o mesmo para a seleção e contratação. O perfil deve ser aderente ao cargo e às atividades, e a seleção deve ser feita com foco nos prerrequisitos básicos e nas soft skills exigidas pelo cargo ou função, e não na deficiência.

A área de recrutamento e seleção deve contratar pelo perfil de competências, sempre. Além disso, buscar uma formação nessa área garante-lhe um diferencial competitivo e um processo seletivo assertivo e humanizado.

Em longo prazo, a equidade nos processos seletivos contribui para a construção de uma reputação empresarial sólida e respeitável, atraindo não apenas mais candidatos, mas também clientes e parceiros que valorizam a responsabilidade social corporativa. Portanto, investir em equidade é principalmente uma questão de justiça social, mas também pode ser uma estratégia inteligente para o crescimento sustentável dos negócios.

Etapas para implantar recrutamento e seleção por competências

A implementação de projetos na área de gestão de pessoas requer uma abordagem cuidadosa e estratégica, considerando várias premissas básicas para garantir o sucesso e a eficácia das iniciativas. Primeiramente, é fundamental entender as necessidades e expectativas da organização e de seus colaboradores. Isso envolve uma análise detalhada do ambiente de trabalho, da cultura organizacional, das competências existentes e das lacunas de habilidades. Compreender esses elementos permite desenvolver projetos que se alinham aos objetivos da empresa e que são capazes de inspirar e engajar os colaboradores envolvidos.

Outra premissa básica é a comunicação clara e efetiva. Desde o planejamento até a implementação do projeto, é crucial que todas as partes interessadas estejam bem informadas sobre os objetivos, as etapas, os prazos e os resultados esperados. Uma comunicação transparente e bidirecional facilita o engajamento dos colaboradores, minimiza resistências e promove uma cultura de abertura, transparência e confiança. Além disso, é importante estabelecer métricas de sucesso claras e objetivas, que permitam avaliar o progresso do projeto e fazer ajustes conforme necessário.

IMPORTANTE

Antes de tudo, todos devem ser informados e treinados, tanto a equipe de recrutamento que fará a gestão do processo seletivo, quanto as lideranças que são os requisitantes parceiros, e dividem parte do processo. Não importa se o treinamento será virtual, presencial ou vídeo gravado, antes de receber uma nova informação e um novo modelo ou metodologia, é preciso que todos saibam como ler e interpretar o material e como contribuir de maneira efetiva durante todo o processo.

Assim como qualquer outro projeto, toda boa implantação deve passar por um processo. Para implantar recrutamento e seleção com foco em soft skills, é fundamental seguir as seguintes etapas:

- Ter as descrições de cargo atualizadas, com as principais atividades do cargo/função.
- Mapear, ou seja, extrair as soft skills que as atividades exigem.
- Mensurar o perfil de competências dos cargos, atribuir graus aos grupos de soft skills.
- Construir a ferramenta de entrevista comportamental com foco em soft skills, personalizada por cargo e de acordo com as soft skills requisitadas.
- Criar um arcabouço de jogos com foco em soft skills, com opções de jogos para minigrupos de soft skills, de acordo com as principais competências comportamentais da organização.
- Atualizar os procedimentos internos de recrutamento e seleção.
- Treinar pares e lideranças.
- Colocar em prática.

O processo seletivo com foco em competências surgiu na década de 1990 como uma abordagem inovadora para a identificação dos melhores talentos para as organizações. Essa metodologia se destaca por priorizar não apenas as habilidades técnicas (hard skills) dos candidatos, mas também suas competências comportamentais (soft skills), como trabalho em equipe, liderança, resiliência e capacidade de comunicação. Esse enfoque traz inúmeros benefícios, tanto para as empresas quanto para os candidatos, que podem ter suas experiências reconhecidas e valorizadas, de acordo com a cultura da organização.

Para as organizações, a principal vantagem é a maior probabilidade de encontrar um colaborador que se alinhe de maneira holística com a empresa, aumentando significativamente as chances de sucesso da contratação no médio e longo prazo, reduzindo taxas de turnover, retrabalho e despesas, e contribuindo para um clima organizacional saudável e eficaz. Além disso, ao valorizar as competências comportamentais, as empresas fomentam um ambiente de trabalho mais colaborativo e inovador, em que diferentes habilidades e pontos de vista podem convergir para a solução de problemas e o alcance de objetivos comuns.

Para os candidatos, esse método oferece uma oportunidade mais justa e inclusiva de demonstrar suas capacidades e seu potencial, pois não são avaliados estritamente por seu currículo, formação acadêmica ou tempo de trabalho, mas também por sua experiência integral de vida, o que possibilita aos candidatos a chance de mostrar como podem contribuir com a empresa de maneira mais ampla, tendo suas capacidades pessoais e profissionais consideradas. Isso é particularmente vantajoso para profissionais em início de carreira ou para aqueles que estão buscando uma transição de carreira, pois permite que se destaquem por meio de suas habilidades comportamentais e de aprendizado.

Em suma, o processo seletivo focado em competências beneficia tanto as empresas quanto os candidatos, criando um cenário no qual a compatibilidade entre colaborador e organização pode ser avaliada mais holisticamente. Isso contribui para a construção de equipes mais fortes, engajadas e alinhadas com os objetivos organizacionais, ao mesmo tempo que promove a diversidade e a inclusão no ambiente de trabalho.

Benefícios do recrutamento e seleção com foco em soft skills

A seleção de pessoas é a porta de entrada da organização. No ambiente corporativo contemporâneo, a seleção de colaboradores transcende as habilidades técnicas (hard skills), destacando-se cada vez mais a importância das competências interpessoais, comportamentais e socioemocionais (soft skills). Estas incluem, por exemplo, capacidade de comunicação, trabalho em equipe, adaptabilidade, empatia, planejamento, escuta ativa, flexibilidade e resolução de conflitos. Essas habilidades são cruciais para a criação de um ambiente de trabalho harmonioso e eficaz, no qual a interação e a colaboração são peças-chave para o sucesso.

Entre os benefícios do recrutamento e seleção com foco em soft skills, destacamos:

- Estabelece um processo claro e sem subjetividade, gerando credibilidade.

- Reduz a influência de opiniões, sentimentos, preconceitos, pressupostos, rótulos e discriminações dos selecionadores e das lideranças.

- Identifica e fornece dados focados no desempenho do candidato.

- Mantém foco no perfil de competências que o cargo exige.

- Aumenta exponencialmente a assertividade dos processos seletivos.

- Traz mais segurança para selecionadores e lideranças na contratação do perfil mais compatível com a necessidade do cargo.

- Evita desperdícios com retrabalho e custos de novos processos seletivos.

- Fortalece a parceria entre selecionadores e requisitantes.

- Torna o processo criterioso, estruturado, consistente, objetivo e mensurável.

Assim, podemos concluir que os benefícios da seleção com foco em soft skills são significativos e demonstram como essa estratégia pode resultar em uma força de trabalho mais engajada, inovadora e capaz de enfrentar os desafios do mercado moderno.

Considerações finais

A adaptabilidade e a capacidade de resposta são essenciais em um ambiente de trabalho dinâmico. Equipes e gestores devem estar preparados para enfrentar desafios inesperados e adaptar seus planos de acordo com as mudanças nas circunstâncias ou nas necessidades da organização. Isso inclui estar atento a novas tendências em gestão de pessoas e tecnologia para incorporar práticas inovadoras (como uma metodologia mensurável com foco em soft skills) que possam melhorar a eficiência e a eficácia dos resultados de um projeto. Considerando essas premissas básicas, os projetos de gestão de pessoas têm maior probabilidade de alcançar seus objetivos e contribuir significativamente para o sucesso da organização.

Neste capítulo, falamos sobre o cenário atual, a maturidade da organização, as etapas do processo seletivo, acessibilidade, implantação do processo e seus benefícios. Algumas etapas do processo seletivo podem ser realizadas pela inteligência artificial (IA), como a triagem e alguns testes. No entanto, é importante pontuar que a IA deve ser usada para facilitar e agilizar nossa rotina e nossos processos, e não para tomar o nosso lugar. Nenhuma inteligência artificial é ou será capaz de substituir você na realização de um processo seletivo humanizado e acessível, além de ser incapaz também de realizar a entrevista comportamental com foco em soft skills. Você é o fio condutor essencial desse processo feito de pessoas para pessoas.

CAPÍTULO 3

Mapeamento e mensuração de perfil do cargo

> "O êxito de uma empresa no futuro depende da sua habilidade em selecionar hoje as pessoas com potencial para terem desempenhos com alto nível de qualidade." – Charles Flory,
> em *Managers for Tomorrow*

Se os resultados positivos e até mesmo o sucesso da empresa dependem de seus colaboradores, você já parou para pensar no tamanho da responsabilidade da área de gestão de pessoas ao realizar a seleção de candidatos para um cargo?

Existem diversas metodologias para mapeamento de perfil, muitas delas com pouca consistência e fundamentação, pois se baseiam em indicadores não relacionados às atividades do cargo, o que pode gerar incongruências na definição de competências comportamentais requeridas para a função.

A partir deste capítulo, você conhecerá a metodologia criada pela autora Maria Odete Rabaglio. Nossa metodologia é objetiva e mensurável e foi fundamentada em indicadores consistentes. Vamos, então, aprender sobre os dados e ferramentas que potencializarão seu processo seletivo, sem subjetividade.

A base para a mensuração de perfil do cargo

A base da entrevista inicia-se com o mapeamento e a mensuração de soft skills do cargo, ou seja, é a etapa em que o perfil do cargo é construído com total fidelidade às atividades que serão exercidas. Este é o primeiro passo, após alinhar com o requisitante o perfil de candidato esperado.

Para que seja possível mapear e mensurar o perfil de um cargo ou função, é necessário ter em mãos a descrição do cargo correta, completa e atualizada, ou no mínimo com as atividades que serão desempenhadas. Classificamos essas atividades como indicadores de competências e, por meio desses indicadores, extraímos as hard e soft skills necessárias para realizar cada atividade do cargo ou função.

Antes de começarmos, vamos deixar bem clara a diferença entre mapeamento e mensuração de competência, por meio de suas definições:

- **Mapeamento de competências:** é a identificação de todas as competências técnicas (hard skills) e comportamentais (soft skills) necessárias para a eficácia nas atribuições do cargo ou função. O mapeamento é a ferramenta que torna a metodologia objetiva e mensurável, é o porto seguro que nos tira da subjetividade e torna possível afirmar com segurança se o candidato tem o perfil para o cargo ou não.

- **Mensuração de competências:** é a identificação do grau necessário de cada grupo de competências similares para cada cargo ou função. Com as soft skills mapeadas e mensuradas, saberemos de quais soft skills o cargo precisa e em que grau precisa (de 1 a 5), com total segurança e sem inferência, tudo extraído dos indicadores do próprio cargo.

Como mapear e mensurar o perfil do cargo ou função

Agora, com os conceitos bem definidos, apresentaremos neste tópico o passo a passo de como fazer o mapeamento e a mensuração do perfil do cargo ou função. Além disso, traremos junto exemplos práticos para que você possa visualizar melhor como esse processo se concretiza, facilitando, assim, o seu entendimento.

Mapeamento

1º passo: providenciar os indicadores de competências do cargo ou função. Ou seja, as descrições de cargos com as atividades corretas, completas e atualizadas que serão executadas pelo ocupante do cargo.

2º passo: extrair as competências técnicas e comportamentais, por meio de indicadores (atividades, atribuições e responsabilidades) do cargo.

Observe, no quadro 3.1, um exemplo de mapeamento de competências para o cargo de assistente financeiro.

Quadro 3.1 – Simulação de mapeamento de hard e soft skills com base nos indicadores

Cargo/função: assistente financeiro		
Atividades do cargo ou função (indicadores)	Competências técnicas (hard skills)	Competências comportamentais (soft skills)
Monitoramento de receitas e despesas, emitindo relatórios semanais para subsidiar tomadas de decisão.	Noções de gestão financeira Pacote Office	Atenção aos detalhes Disciplina Trabalho em equipe Capacidade de cumprir normas e procedimentos Gestão do tempo
Conferência e lançamento de notas fiscais, inserindo os dados na planilha financeira.	Técnica de contas a pagar e receber Pacote Office	Atenção aos detalhes Organização Capacidade de cumprir normas e procedimentos Gestão do tempo
Apoio à equipe de faturamento, fornecendo dados atualizados.	Experiência com faturamento	Comunicação Comprometimento Trabalho em equipe Foco em resultado Assertividade Foco no cliente
Elaboração de relatórios financeiros e orçamentários, enviando para cada unidade de negócio.	Noções de gestão orçamentária Pacote Office	Capacidade de análise Assertividade Visão sistêmica Trabalho em equipe Foco no cliente
Busca por melhores práticas de mercado, mantendo-se atualizado.	Vivência em procedimentos financeiros	Inovação Proatividade Visão estratégica Foco no cliente Empreendedorismo

O mapeamento é um trabalho realizado a quatro mãos, entre selecionador e gestor, em que o gestor é o especialista das competências técnicas (hard skills), e o selecionador das competências comportamentais (soft skills). Cada um entrará com a sua *expertise* para garantir um mapeamento completo e assertivo.

Mensuração

3º passo: agrupar as competências comportamentais similares. Elas podem ser separadas por similaridade em até três grupos.

- Grupo 1 – orientadas para o resultado: são competências utilizadas nos processos. Por exemplo, organização, planejamento, tomada de decisão, gestão do tempo, criatividade, disciplina, proatividade e inovação.

- Grupo 2 – orientadas para o cliente (interno ou externo): são competências utilizadas na interação com as pessoas. Por exemplo, comunicação, negociação, solução de conflitos, persuasão, empatia, saber ouvir, trabalho em equipe, cortesia, disponibilidade e relacionamento interpessoal.

- Grupo 3 – orientadas para a liderança ou gestão de pessoas: são competências utilizadas pelo líder com a equipe. Por exemplo, liderança proativa, liderança orientadora, liderança delegadora, liderança treinadora, liderança integradora, liderança motivadora, liderança estratégica, liderança participativa e liderança desenvolvedora.

Para saber em que grupo cada soft skill é mais necessária, volte ao mapeamento e confira a resposta nas próprias atividades do cargo (de onde a soft skill foi extraída). O indicador deve ser capaz de direcionar a soft skill para o grupo mais adequado.

No agrupamento, as soft skills não se repetem, ou seja, a mesma soft skill não pode estar presente em mais de um grupo. Portanto, cada competência deve ser "encaixada" no grupo em que ela é mais necessária. O quadro 3.2 apresenta um exemplo de como é feita essa divisão.

Quadro 3.2 – Simulação de agrupamento de soft skills por similaridade

Grupo 1 – competências orientadas para o resultado (processos)	Grupo 2 – competências orientadas para o cliente interno ou externo (pessoas)	Grupo 3 – competências orientadas para a liderança ou gestão de pessoas (equipe)
Visão estratégica	Comunicação	Liderança estratégica
Visão sistêmica	Cooperação	Liderança orientadora
Empreendedorismo	Trabalho em equipe	Liderança desenvolvedora
Disciplina	Empatia	Liderança coach
Capacidade de cumprir normas e procedimentos	Foco no cliente	Liderança motivadora
	Negociação	Saber ouvir
Ética	Persuasão	Equilíbrio emocional
Foco em resultados	Clareza	
Planejamento	Relacionamento interpessoal	
Tomada de decisão		

Algumas soft skills podem "circular" entre dois dos grupos, de cliente (pessoas) e de liderança (equipe), uma vez que ambos são focados em indivíduos. Na prática, isso quer dizer que as soft skills que não começam com o nome liderança também podem fazer parte do grupo 3, conforme pode ser observado no quadro 3.2. As soft skills só não podem aparecer repetidas entre os grupos.

Recapitulando, é o indicador (a atividade do cargo) que designou a necessidade da soft skill que define em qual grupo cada competência estará. Se a soft skill é orientada para processos, estará no grupo 1 (resultados); se é orientada para pessoas, no grupo 2 (cliente interno ou externo); e se é orientada para equipes, no grupo 3 (liderança ou gestão de pessoas).

DICA

Como saber quantos grupos devo atribuir ao mapeamento do perfil do cargo ou função? Basicamente, se o cargo *não for* de liderança direta, terá dois grupos (resultados e cliente), e se o cargo *for* de liderança direta, terá os três grupos (resultados, cliente e liderança).

Mas é possível que você se depare com uma situação em que, por exemplo, um analista especialista deve orientar ou treinar clientes internos e/ou alguém hierarquicamente abaixo ou acima de sua posição, necessitando, de acordo com as atividades, de soft skills de liderança. O indicador (atividades do cargo) pode pedir essas soft skills: liderança orientadora, liderança treinadora e/ou desenvolvedora, porém, não para gestão de equipe, mas para orientar e conduzir algum processo com clientes internos. Neste caso, essas soft skills podem ser incluídas no grupo de cliente.

É importante lembrar que todos os documentos de mapeamento e mensuração são confidenciais e devem ser compartilhados apenas entre recrutadores.

Grupos prontos, é o momento de definir o grau necessário de cada grupo de soft skills.

4º passo: mensurar os grupos de soft skills para definir em que grau são necessárias para o cargo ou função. Esta é a etapa que completa o mapeamento do cargo/função.

Criamos uma métrica que tem como base graus (números) mínimos e máximos, e escolhemos mensurar com a escala de 1 a 5. No entanto, cada organização pode escolher sua escala, pois os resultados serão proporcionais.

Quadro 3.3 – Critérios de mensuração

Grau	Critério
5	Forte evidência das competências investigadas.
4	Boa evidência das competências investigadas.
3	Média evidência das competências investigadas.
2	Pouca evidência das competências investigadas.
1	Pouquíssima ou nenhuma evidência das competências investigadas.

Como vimos, a mensuração atribui o grau necessário para cada grupo de soft skills e tem como base fiel os indicadores (atividades) do cargo ou função. Para fazer esse cálculo, foi desenvolvida uma fórmula para mensuração de soft skills.

$$\frac{\text{Grau máximo}}{\text{Número de atividades}} \times \text{Número de indicações} = \text{Grau}$$

No nosso caso, que escolhemos a escala de 1 a 5, o grau máximo será sempre 5 (caso sua empresa tenha escolhido outra métrica, a regra é a mesma: de 1 a 10, por exemplo, o grau máximo será 10). O grau máximo então é dividido pelo número de atividades do cargo (variável), e multiplicado pelo número de indicações (quantas vezes o grupo de soft skills foi indicado pelas atividades do cargo – indicou uma soft skill, indiciou o grupo todo). O resultado da fórmula será, então, o grau necessário para o grupo de soft skills.

Você pode ter, por exemplo, um mapeamento de cargo com os seguintes resultados:

- Grupo de soft skills similares orientadas para o resultado: grau 5.
- Grupo de soft skills similares orientadas para o cliente: grau 4.
- Grupo de soft skills similares orientadas para a liderança: grau 4,5.

É comum que o grupo de resultados seja sempre ou quase sempre grau 5, e os demais grupos costumam variar mais. No entanto, novamente ressaltamos que quem define isso são os indicadores, ou seja, as atividades do cargo/função. Para facilitar o entendimento, vamos a um exemplo prático (quadro 3.4).

Quadro 3.4 – Exemplo de mapeamento e mensuração de perfil de cargo

Cargo: vendedor ou executivo de vendas				
Indicadores (atividades do cargo/função)	Competências técnicas (hard skills)	Competências comportamentais (soft skills)	Grupo de competências similares orientadas para o resultado	Grupo de competências similares orientadas para o cliente
1. Atender clientes	Técnicas básicas de vendas	Comunicação Clareza Cortesia Atenção Saber ouvir Foco do cliente Foco em resultados	Capacidade de cumprir normas e procedimentos Disciplina Foco em resultados Organização Inovação	Comunicação Clareza Atenção Cortesia Foco no cliente Saber ouvir
2. Fazer controle das metas de vendas e de prospecção de novos clientes	Pacote Office, em especial Excel intermediário	Disciplina Capacidade de cumprir normas e procedimentos Foco em resultados Organização Foco no cliente	Assertividade Visão sistêmica Visão estratégica **Quantidade de indicações: 4**	**Quantidade de indicações: 3**
3. Alimentar em sistema os relatórios semanais de vendas		Capacidade de cumprir normas e procedimentos Foco em resultados Organização	Fórmula: 5/4 × 4	Fórmula: 5/4 × 3
4. Trazer sugestões de melhorias e práticas de mercado	Vivência no mercado de vendas	Inovação Proatividade Foco no cliente Assertividade Foco em resultados Visão sistêmica Visão estratégica	**Grau necessário: 5**	**Grau necessário: 3,75**

No exemplo do quadro 3.4, é possível visualizar como foi feito o mapeamento e a mensuração de um perfil de cargo, pronto para a utilização na entrevista com foco em soft skills. Observe que:

- o grau máximo escolhido foi 5;

- o número de indicadores do cargo é o número de atividades da descrição do cargo;

- o número de indicações é a quantidade de vezes que o grupo de soft skills similares foi indicado pelas atividades do cargo, sempre partindo do princípio "indicou uma soft skill daquele grupo, indicou todo grupo" (conte quantas vezes o grupo foi indicado, verificando cada uma das atividades do cargo);

- o grau necessário é o resultado da fórmula aplicada.

A base para criação das ferramentas da gestão por competências

Todo processo de gestão por competências deve conversar entre si. As ferramentas utilizadas devem ser fundamentadas por uma técnica com base em indicadores que tenha continuidade e sentido, além de ser de fácil entendimento.

O mapeamento e a mensuração de perfil do cargo são a base para a construção de todas as ferramentas para fazer gestão por competências, é o que apresentaremos mais adiante na construção da entrevista comportamental com foco em soft skills. O mapeamento de competências comportamentais extrai as soft skills necessárias por meio de seus indicadores (ou seja, as atividades do cargo) e, com base nessas soft skills, são criadas perguntas comportamentais personalizadas para investigá-las, isso significa que teremos uma ferramenta fidedigna e com foco incontestável.

Assim, o mapeamento e mensuração de soft skills é uma metodologia que tira a área de gestão de pessoas e gestores da subjetividade para tomada de decisão. Hoje, trabalhando com indicadores e métricas, sabemos que o comportamento é observável e mensurável, e ter clareza do que cada comportamento significa para as atividades e resultados da sua área será o diferencial em todo o processo, tanto de contratação do candidato quanto de retenção e desenvolvimento do colaborador.

Considerações finais

Neste capítulo, iniciamos a apresentação de nossa metodologia por meio da introdução do mapeamento e da mensuração de soft skills. Como foi possível observar, nossa metodologia é objetiva, mensurável e fundamentada em indicadores consistentes. Aliados à observação de soft skills, o mapeamento e a mensuração dessas competências são a base para evitar a subjetividade tão presente nos processos seletivos em geral, tornando possível obter respostas para questões como:

- Quais são as soft skills necessárias para o cargo?
- Em que grau as soft skills são necessárias para o cargo?
- Que grau o candidato tem em relação ao grupo de soft skills exigido pelo cargo?
- Que candidato tem o perfil mais compatível ao perfil do cargo?
- Quais são os gaps de soft skills dos candidatos que precisaremos dar foco no desenvolvimento?
- Quais atividades do cargo serão prejudicadas pelos gaps de soft skills (se for o caso)?

Desse modo, a tomada de decisão é feita com base em critérios e métricas confiáveis, sem "achismo" e sem subjetividade, o que proporciona à área de atração de talentos mais credibilidade e assertividade, conquistando cada vez mais a confiança e a parceria das lideranças.

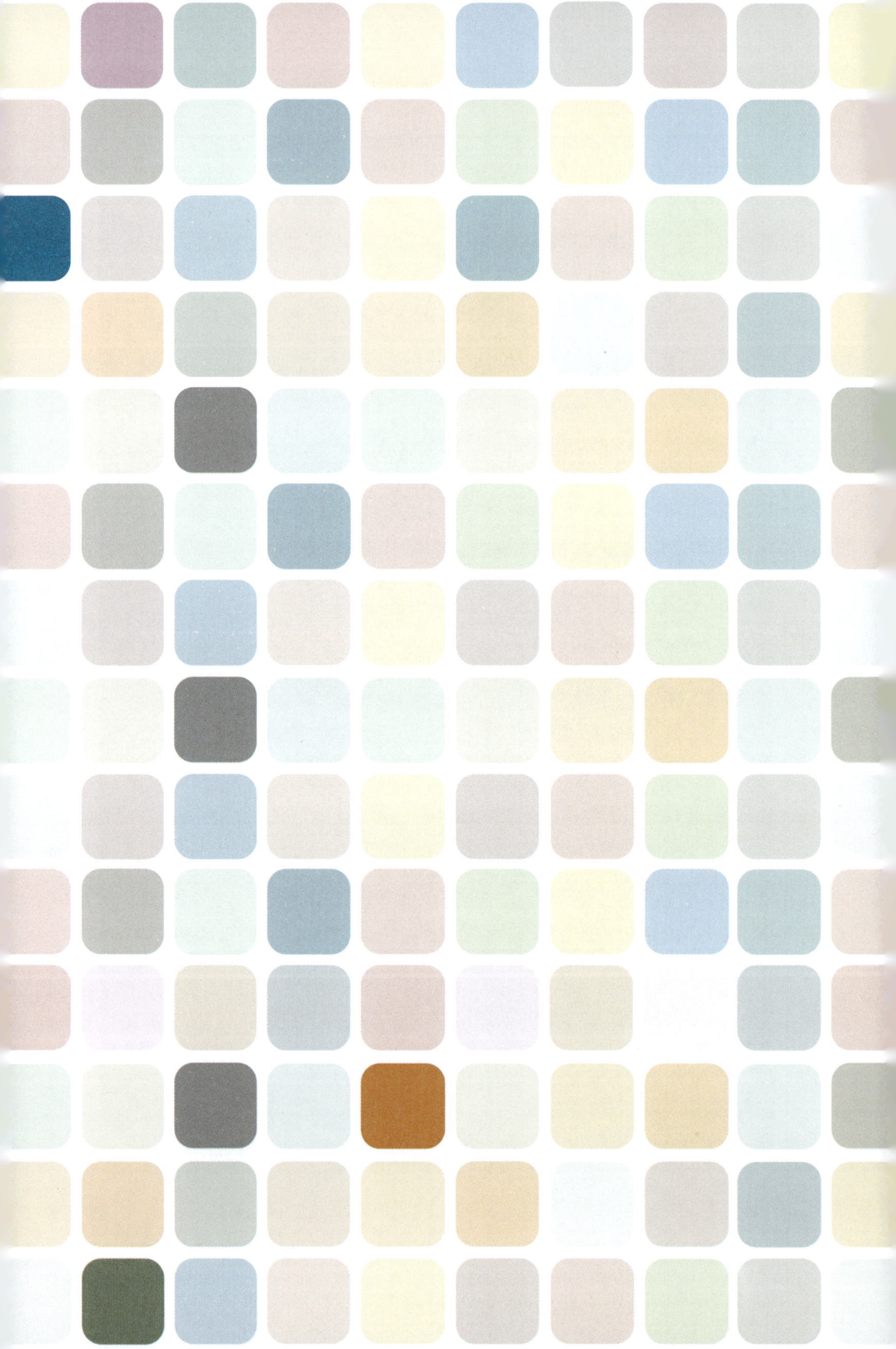

CAPÍTULO 4

Jogos com foco em soft skills

De que maneira podemos criar ambientes e situações em que podemos identificar as soft skills requeridas para um cargo?

Grupo de pessoas interagindo em uma dinâmica.

Não à toa, jogos e dinâmicas de grupo são ferramentas muito utilizadas em processos seletivos. Com eles, é possível observar como as pessoas reagem a diferentes tipos de situações. O perfil de competências é a base para o sucesso e resultados positivos, portanto, é imprescindível saber adequar jogos e dinâmicas de acordo com o perfil desejado para o cargo.

Conceito e aplicação de jogos na seleção com foco em soft skills

O jogo ou a dinâmica de grupo é uma ferramenta relevante no processo seletivo, um aliado poderoso que revela comportamentos/atitudes em grupo, sob comando de um determinado contexto prévia e estrategicamente preparado, evidenciando os perfis mais compatíveis com as soft skills investigadas.

Para realização dos jogos com foco em soft skills, é necessário ter em mãos o perfil do cargo mapeado e mensurado. As soft skills que devem ser observadas durante o jogo serão as mesmas extraídas dos indicadores (atividades) do cargo.

O objetivo do jogo é observar no comportamento de cada candidato a evidência das soft skills requeridas pelo cargo em questão. É possível observá-las por meio de ações e reações ao jogo proposto. Durante a observação de cada jogo proposto, com as soft skills que devem ser observadas em mãos, serão atribuídos graus de 1 a 5, de acordo com a métrica que usamos no mapeamento do cargo.

O jogo, ou como é popularmente conhecido "dinâmica de grupo", é uma poderosa ferramenta de observação de soft skills específicas, presentes no repertório de cada indivíduo. Seu objetivo é promover a leitura e a mensuração do comportamento como prerrequisito para o sucesso das atividades do cargo ou função. O jogo talvez seja uma das principais ferramentas para observação do comportamento, principalmente em grupo.

Assim como a entrevista comportamental, o jogo permite que você investigue a evidência de um grupo específico de soft skills presentes ou ausentes no perfil dos candidatos e que identifique com maior confiança e critério as soft skills presentes no repertório comportamental de cada candidato. Ao escolher o jogo adequado para observar certas soft skills, é possível ver a pessoa em ação, demonstrando o grau de soft skills que está desenvolvido em seu perfil, além de observar como cada pessoa lida com a mesma situação, especialmente em grupo.

> **IMPORTANTE**
>
> **Diferença entre a entrevista comportamental e o jogo**
>
> A entrevista comportamental investiga e evidencia soft skills específicas no comportamento passado por meio de relatos de experiências vividas pelo candidato. Já o jogo investiga e evidencia soft skills específicas no comportamento presente dos candidatos, permitindo que as ações que precisam das soft skills se manifestem ou não naturalmente naquele momento.

O jogo é uma ferramenta complementar, inicial e ideal para investigar os minigrupos de até três soft skills. Quando optamos por utilizar as duas ferramentas, a entrevista e o jogo, a entrevista deve ficar por último, para quem já passou por todos os prerrequisitos exigidos pelo cargo na triagem e no jogo. A prática do jogo é muito eficaz para filtrar e reduzir a quantidade de candidatos no processo seletivo, otimizando as etapas de entrevistas comportamental e técnica.

Desse modo, ao unir as informações de todas as etapas do processo seletivo, você terá subsídios fiéis para tomada de decisão quanto ao candidato mais compatível com o cargo/função, além de conquistar credibilidade da organização e do requisitante para uma parceria duradoura de sucesso.

O facilitador do jogo

O condutor deve atuar como facilitador da atividade, fornecendo todas as instruções necessárias, recursos e ambiente para a realização do jogo. É também o responsável por observar atentamente os comportamentos investigados durante o jogo, anotando tudo que observar para posterior análise e tomada de decisão.

No jogo, é preciso ter um condutor e um observador. O observador, quando possível, deve ser o gestor imediato do cargo. É necessário instruí-lo sobre o papel do observador no jogo para que saiba quais comportamentos e atitudes (soft skills) deve observar.

Pontos a serem observados na escolha do jogo

Aplicar o jogo adequado é o que garantirá o sucesso da atividade e da observação dos comportamentos. A escolha dos jogos precisa considerar:

- experiência e domínio do facilitador de jogos;
- características do público-alvo;
- necessidade de recursos de acessibilidade para que o processo promova equidade na participação de todos os candidatos;
- soft skills a serem observadas;
- espaço onde será realizado;
- recursos que serão utilizados;
- quantidade de participantes;
- quantidade de jogos; e
- carga horária utilizada para o jogo.

A escolha dos jogos deve ser feita de acordo com as soft skills que deseja investigar no candidato, ou seja, o jogo deve colocar os candidatos em situações que precisem daquelas soft skills para ter sucesso, evidenciando, durante a participação dos candidatos, as soft skills que você deseja observar e mensurar para identificar entre eles quem tem o perfil de soft skills compatível com o cargo, conforme a métrica estabelecida com graus de 1 a 5. Em nossa metodologia, escolhemos trabalhar com a métrica de 1 a 5; caso a empresa use outra métrica, não há nenhum problema, porque os resultados serão proporcionais. No entanto, a métrica escolhida deverá ser usada em todas as ferramentas da gestão por competências.

Nesta etapa, mensuramos as soft skills investigadas, atribuindo graus de 1 a 5 conforme nossa observação e evidências de soft skills por cada candidato durante o jogo.

Quadro 4.1 – Exemplo de mensuração de soft skills por candidato

Soft skills orientadas para o cliente	Grau exigido pelo cargo	Candidato 1	Candidato 2	Candidato 3
Comunicação, clareza e assertividade	5	4	2	5
Disponibilidade, solicitude e cortesia	4	3	2	4
Trabalho em equipe e cooperação	5	3	4	3
Empatia e saber ouvir	4	3	2	4
Média do grupo de soft skills	**4,5**	**3,25**	**2,5**	**4**

Observe no exemplo do quadro 4.1 que, em relação ao que é exigido para o cargo, o candidato 3 teve melhor performance durante o jogo e tem o perfil mais compatível com o grupo de soft skills investigadas para o cargo/função. A média foi calculada somando-se os graus de cada candidato e dividindo pelo número de soft skills.

DICA

Para que o jogo tenha sucesso, é fundamental:

- planejar e providenciar com antecedência todos os recursos necessários para a realização do jogo;
- fazer a escolha estratégica de um jogo que precise das soft skills investigadas;
- estudar e dominar todas as regras e informações do jogo;

- planejar uma quantidade maior de jogos para caso algum jogo termine muito rápido e não tenha dado tempo de fazer as observações planejadas de soft skills;

- manter o foco do jogo e o controle da situação, impedindo que o grupo se distancie do objetivo;

- usar uma ferramenta de mensuração, atribuindo grau às evidências de soft skills observadas;

- evitar usar um único jogo para a observação do grupo de soft skills; e

- observar em cada jogo um número pequeno de soft skills (comportamentos), para não perder o foco da observação.

Tamanho ideal de grupos

Sugerimos como tamanho ideal de grupos para a realização de jogos de 4 a 12 participantes para que a participação de cada candidato seja efetiva e para que seja possível observar com qualidade as soft skills nos comportamentos de todos. Para grupos com mais de 6 participantes, é essencial ter mais de um recrutador observando os comportamentos (soft skills).

Duração dos jogos

A duração individual de cada jogo é relativa, pois os jogos podem ser utilizados para finalidades e complexidades diferentes. Jogos mais simples podem variar de 15 a 40 minutos, enquanto jogos mais complexos podem variar de 40 minutos a 1 hora e 30 minutos. As sessões de jogos (mais de um jogo para avaliar um mesmo grupo de soft skills) costumam durar entre 1 e 3 horas. Acima desse tempo, a atividade perde o foco e se torna cansativa para todos os envolvidos.

Condução do jogo para aprendizes e estagiários

Em algumas organizações, as categorias de aprendizes e estagiários ainda não têm descrição de cargo com as atividades que vão desempenhar, mas, ainda assim, é possível manter o padrão e utilizar o jogo para identificar comportamentos específicos básicos para o dia a dia de trabalho.

Neste caso, recomendamos que a área de recrutamento eleja algumas soft skills essenciais para o cotidiano do trabalho de acordo com a realidade da organização e da área em que ficará alocado, por exemplo, atenção, organização, comunicação, capacidade de cumprir normas e procedimentos, trabalho em equipe, disponibilidade, empatia, cortesia e bom humor. Assim, é possível direcionar a observação durante o jogo e ter um parecer padronizado com foco em soft skills.

Agora que já sabemos para que serve, como utilizar e a importância do jogo no processo seletivo, vamos a alguns exemplos de jogos para aplicação.

Jogos de aquecimento e observação de soft skills[1]

Este tipo de jogo é estrategicamente utilizado com o objetivo de diminuir as tensões, para que todos possam interagir de maneira leve e despretensiosa (não avaliativa) e se sentir mais à vontade e integrados ao ambiente e à situação. Os jogos de aquecimento, portanto, buscam facilitar uma participação mais efetiva e fluida na próxima atividade de observação de soft skills.

Bola da competência

Objetivo: apresentação, integração, aquecimento, descompressão e descontração.

Competências que podem ser observadas durante o jogo: autoconhecimento, trabalho em equipe, agilidade, bom humor e rendimento sob pressão.

Materiais: bola, folha A4, canetas coloridas e fita-crepe.

Número de participantes: até 12.

Tempo médio para execução: 20 minutos.

Instruções para realização do jogo: cada participante deve receber uma folha A4 e canetas coloridas, e escrever em tamanho grande seu nome e

---

[1] Os jogos apresentados neste tópico são todos adaptações de jogos comumente utilizados em dinâmicas de gupo e são de origem desconhecida.

uma competência que considera importante em seu perfil para o cargo que está concorrendo. Ao terminarem, devem formar grupos de competências iguais ou similares para conversarem e compartilharem em 3 minutos o porquê daquela escolha, além disso, devem escolher uma das competências e um porta-voz para apresentar a competência escolhida pelo grupo e o motivo dessa escolha.

Após a apresentação dos porta-vozes dos grupos, o facilitador abre o compartilhamento para todos. Pega a bola e joga para um participante de um dos grupos, solicitando que diga seu nome, o nome de sua competência escolhida e o motivo da escolha, e depois que passe a bola para outro participante. Siga assim até que todos tenham pegado a bola e falado, desse modo conheceremos melhor cada um.

Dica: podem ser duplas, trios ou grupos maiores, depende da quantidade de candidatos presentes. Você pode pedir para que se unam de acordo com as competências que são mais próximas umas das outras. Adapte o jogo de acordo com as suas necessidades.

Amnésia

Objetivo: integração, aquecimento, descompressão e descontração.

Competências que podem ser observadas durante o jogo: comunicação, agilidade, bom humor, iniciativa e dinamismo.

Materiais: etiquetas adesivas e canetas.

Número de participantes: até 12.

Tempo médio para execução: 20 minutos.

Instruções para realização do jogo: distribua etiquetas adesivas em branco e peça para que cada participante escreva o nome de uma pessoa bem conhecida (famosa) em sua etiqueta – oriente que ninguém veja a etiqueta do outro. Solicite que coloquem (grudem) a etiqueta nas costas de outra pessoa sem que esta veja o que está escrito.

Explique que todos estão sofrendo de amnésia e não conseguem se lembrar de quem são. Convide-os a circularem pela sala entre os colegas tentando descobrir quem são unicamente por meio de perguntas que possam ser respondidas com "sim" ou "não" com o objetivo de descobrirem quem são. Ao final, provoque uma breve discussão sobre as dificuldades do jogo e como se sentiram.

Apresentação invertida

Objetivo: integração, aquecimento, descompressão e descontração.

Competências que podem ser observadas durante o jogo: comunicação, bom humor, criatividade, dinamismo e autoconhecimento.

Materiais: fichas previamente impressas.

Número de participantes: até 14.

Tempo médio para execução: 30 minutos.

Instruções para realização do jogo: peça para cada participante preencher a ficha impressa (figura 4.1), e em seguida peça para trocarem as fichas entre eles. Cada participante deverá fazer a apresentação do outro participante.

Figura 4.1 – Ficha para a apresentação invertida

Nome:
Apelido:
Idade:
Formação:
Time:
Um esporte:
Um lazer:
Um filme ou livro:
Uma qualidade:
Um defeito:
Um sonho:
Um medo:
Uma curiosidade:

Jogos para observação de soft skills específicas[2]

Os jogos colocam os candidatos em ação, buscando cumprir ou solucionar um desafio solicitado pela equipe de recrutamento. Será por meio dessas ações e atitudes que poderemos identificar e evidenciar a presença ou a falta das soft skills.

Os jogos para observação, portanto, são estrategicamente utilizados para observar e investigar o grupo de soft skills específicas requeridas pelo cargo ou função. Essa observação buscar identificar e avaliar se o perfil do candidato é compatível com o perfil de soft skills do cargo ou função.

Jogo dos nós

Objetivo: observação de soft skills específicas.

Competências que podem ser observadas durante o jogo: organização, planejamento, estratégia, produtividade, trabalho em equipe, comunicação, foco em resultados, persistência, determinação, resistência a frustração, agilidade, bom humor e rendimento sob pressão.

Materiais: pedaços de barbante cortados em grande quantidade.

Número de participantes: até 12.

Tempo médio para execução: 30 minutos.

Instruções para realização do jogo:

1ª etapa – o facilitador divide os participantes em equipes, cada uma com no máximo quatro participantes, e comunica que cada equipe terá 2 minutos para fazer nós em barbantes usando uma mão só. Cada equipe deverá estabelecer uma meta de quantos nós farão em 2 minutos, e o facilitador deve anotar as metas de cada equipe. Na sequência, o facilitador distribui barbantes para as equipes, solicita que não ensaiem antes e dá o sinal para

---

2 Os jogos apresentados neste tópico são todos adaptações de jogos comumente utilizados em dinâmicas de gupo e são de origem desconhecida.

começarem, fazendo a contagem de 2 minutos. Terminado o tempo, pede que cada equipe faça a contagem e diga a quantidade de nós que conseguiram fazer, anote também.

2ª etapa – o facilitador pede que, em 2 minutos, as equipes façam uma avaliação de como se organizaram, a estratégia que usaram e uma avaliação entre a meta estabelecida e o resultado conseguido. Nesta fase, todos continuam com os barbantes nas mãos, podem treinar à vontade e devem estabelecer uma nova meta que seja maior que a quantidade realizada anteriormente.

3ª etapa – o facilitador anota a nova meta de cada equipe e faz a contagem de tempo (2 minutos) para que façam os nós novamente. Terminado o tempo, pede que cada equipe faça a contagem e diga a quantidade de nós que conseguiram fazer, anote também para comparar a primeira e a segunda tentativas. Na sequência, em mais 2 minutos, peça para que voltem a conversar para uma nova avaliação, comparando as diferenças da primeira e da segunda tentativas. Terminado o tempo, peça que compartilhem com todos suas impressões.

A troca de um segredo

Objetivo: observação de soft skills específicas.

Competências que podem ser observadas durante o jogo: pensamento crítico, empatia, foco na solução, criatividade e comunicação.

Materiais: papel e lápis para todos os participantes.

Número de participantes: até 20.

Tempo médio para execução: em média, 30 minutos.

Instruções para realização do jogo: em 2 minutos, os participantes devem pensar e descrever, no papel, uma dificuldade que sentem e que não gostariam de expor oralmente. Os papéis devem ser anônimos e descrever somente o "problema".

Peça que se organizem/combinem como dobrarão os papéis de maneira idêntica, em 1 minuto. O facilitador deve controlar o tempo e recolher os papéis, misturando-os em uma caixa. Na sequência, cada participante deve retirar um papel e assumir o problema que está no papel como se fosse seu, esforçando-se para compreendê-lo e pensar em como solucionar – os participantes devem ter 2 minutos para isso.

Passado o tempo, cada um lerá em voz alta o problema que estiver em seu papel em primeira pessoa (eu), pois o problema é de cada um naquele momento, fazendo as adaptações necessárias e expondo a solução que encontrou.

Uma difícil missão

Objetivo: observação de soft skills específicas.

Competências que podem ser observadas durante o jogo: pensamento crítico, empatia, foco na solução, foco em resultados, criatividade, negociação, bom humor, saber ouvir, trabalho em equipe, estratégia e comunicação.

Materiais: folhas com as informações do jogo.

Figura 4.2 – Exemplo de jogo proposto

Parabéns, você assumiu a gerência de uma empresa terrivelmente desorganizada. A sua admissão tem como objetivo corrigir as irregularidades existentes. Para isso, você tem plena autoridade. A sua primeira missão será reduzir o seu quadro de pessoal em 50%. Portanto, dos 10 funcionários a seguir, escolha 5 que deverão permanecer com você para ajudá-lo a cumprir uma importante e inadiável tarefa.

- Renato, 47 anos, 20 anos na organização. É teimoso e lento. Domina os processos da área.
- Mônica, 23 anos, recém-contratada. Assídua e pontual. Pouca habilidade de pensamento analítico e inovação.
- Tom, 18 anos, iniciou como aprendiz. Tem potencial e se relaciona com facilidade. É indisciplinado e impontual, comenta-se que é apadrinhado por uma alta gestão.
- Mauro, veterano na organização. Competente e entrega resultado no prazo. É nervoso e agressivo. Tem o mau hábito de gritar com as pessoas.
- Diogo, querido por todos. Excelente no atendimento a clientes. É fofoqueiro e ocupa o telefone boa parte do dia fazendo intrigas.
- Gustavo, o economista, exímio na área econômica e financeira. Se ausenta com frequência no trabalho e é grosseiro com as pessoas.
- Lucas, admitido há menos de três meses, ainda não mostrou suas qualidades.
- Yasmim, 2 anos na organização, recepcionista bilíngue. Não leva o trabalho muito a sério, pois seu sonho é ser dançarina de balé. Muda de emprego com frequência.
- Maria, 59 anos, exímia arquivista e muito organizada, a mais antiga da firma. Tem sérios problemas cardíacos, em razão dos quais não pode ser contrariada nem ficar estressada.
- Jéssica, muito criativa e atenta à tecnologia. Gasta tempo contando piadas e faz brincadeiras de mau gosto. Tem flexibilidade de horário e disponibilidade, é possível contar com ela qualquer dia e horário.

Número de participantes: até 20.

Tempo médio para execução: em média, 30 minutos.

Instruções para realização do jogo: o facilitador deve entregar para os participantes a folha com as informações do jogo. Ao entregar a folha, solicitar que se reúnam em duplas, trios ou quartetos, a depender da quantidade de participantes (pode ser individual também). Peça que leiam e entrem em um consenso, destacando quem seriam os cinco que permanecerão na equipe. Deixe que conversem por 10 minutos, e controle o tempo. Ao final do tempo, eles devem compartilhar os resultados.

Considerações finais

Os jogos e dinâmicas de grupo desempenham um papel crucial no processo seletivo, proporcionando aos recrutadores uma visão mais abrangente das habilidades e características dos candidatos. Por meio dessas atividades interativas, é possível observar, por exemplo, como os participantes lidam com desafios, trabalham em equipe, comunicam-se e tomam decisões sob pressão.

Essa abordagem mais holística no processo seletivo ajuda a identificar os candidatos mais adequados para a cultura organizacional e para as demandas da posição em questão. Portanto, a inclusão de jogos e dinâmicas de grupo no processo seletivo torna a avaliação mais completa e precisa, contribuindo para uma seleção de profissionais compatíveis com os desafios da organização.

CAPÍTULO 5

Entrevista comportamental com foco em soft skills

> "Na hora de contratar, priorize as pessoas que têm perfil, pois a performance você pode alcançar com o treinamento."
> — Marcelo Caetano, especialista em vendas

Quais são suas qualidades e defeitos?

Com certeza, você já ouviu isso de alguém ou já perguntou a alguém. Embora seja uma pergunta ainda comum, esta não é uma pergunta comportamental. Hoje sabemos que as respostas não nos mostram o que precisamos, pois são subjetivas, os candidatos têm respostas prontas que, por algum motivo, acham que agradam os recrutadores. No lugar desse tipo de questionamento, podemos perguntar: "por favor, pense e conte-me como foi uma situação em que foi elogiado por solucionar um problema de um cliente interno". Na resposta de uma situação real vivida pelo candidato, ficarão evidentes as qualidades e/ou defeitos (competências) que ressaltaram durante as ações que ele tomou para solucionar o problema em questão. É possível absorver essas informações enquanto ouve o relato do candidato, uma vez que as ações evidenciam/demonstram as competências comportamentais (soft skills), mas, claro, quando você tem clareza do que precisa investigar no perfil do candidato.

Acolhimento do candidato tanto presencial quanto on-line

Muito se fala em experiência do colaborador, e não é diferente quando se fala do candidato. A experiência e a imagem que o candidato leva da empresa depende da maneira com que ele é acolhido desde o primeiro até o último contato com a empresa. Portanto, é preciso se preparar estrategicamente para encantar o candidato com atendimento e relacionamento, demonstrando organização, planejamento, empatia, respeito e gentileza, atentando para que tudo contribua para um excelente resultado.

É preciso estabelecer um vínculo de confiança com o candidato para que ele se sinta à vontade para responder com clareza e objetividade todas as perguntas e questionamentos que forem necessários. Para isso, iniciamos com um "quebra-gelo" ou rapport (criar uma relação), promovendo uma conversa empática, gentil e atenciosa. Nunca inicie de maneira direta, fazendo as perguntas comportamentais, o candidato ainda não estará aquecido e pronto para responder.

Primeiro, pergunte se o candidato está bem para este momento, se tem alguma coisa que queira perguntar antes de iniciarem, como foi o seu dia até aquele momento e aborde brevemente algum assunto, como: o tempo/clima, como chegou até a empresa (caso não saiba), que time torce, se mora longe e como foi o caminho, qual foi a melhor experiência profissional, o que aprendeu de diferente no último emprego, o que gostava mais de fazer na última experiência, quais atividades gostava menos, o que mais admirava na sua liderança, o que mais admirava na empresa, como era a equipe de trabalho, e se tem lembrança de bons momentos com a equipe.

O objetivo dessa introdução é, além de estabelecer um vínculo, fazer o candidato falar um pouco e tirar o foco da tensão e da ansiedade, facilitando a entrevista. Depois disso, diga ao candidato que é comum estar ansioso para uma entrevista, mas que procure ficar calmo, não se preocupando, uma vez que será um bate-papo tranquilo, com o objetivo de conhecer um pouco do perfil dele para ver se tem aderência com a vaga. Por fim, antes de começar, pergunte se tem alguma dúvida ou algo que queira falar. Esse primeiro momento é decisivo para o que virá a seguir.

Técnicas para entrevista comportamental com foco em soft skills

Falaremos agora de uma poderosa ferramenta de investigação comportamental, que é construída de maneira estratégica e personalizada (de acordo com o cargo) para o processo seletivo. Podemos dizer que o comportamento passado prediz o comportamento futuro, portanto, a entrevista comportamental é uma investigação de comportamentos específicos (soft skills) utilizados em experiências passadas para fazer uma avaliação comportamental do perfil do candidato e comparar com o perfil do cargo, com o objetivo de encontrar o perfil mais compatível com o perfil do cargo. As perguntas da entrevista são construídas com base no mapeamento e na mensuração das soft skills (competências comportamentais) necessárias para o cargo, encontradas no mapeamento do perfil do cargo.

A entrevista comportamental, portanto, é estrategicamente estruturada para investigar os comportamentos específicos em experiências passadas do candidato, verificando a compatibilidade entre o perfil do candidato e do cargo. É personalizada para cada cargo, tem duração média de 45 minutos a 1 hora, e é mensurável.

A entrevista comportamental deve ser realizada apenas com um entrevistador correto, justo e profissional, um de cada lado, um entrevistando e outro sendo entrevistado. Precisamos do vínculo de confiança estabelecido no rapport, e esse vínculo nunca será o mesmo com mais de um entrevistador, fazendo com que o candidato deixe de trazer experiências importantes para análise. Importante lembrar que a resposta do candidato é o nosso material de análise que traz a evidência das soft skills investigadas, por isso estabelecemos um clima positivo e cortês, para extrair do candidato o máximo de experiências passadas.

Quando perceber alguma tendência positiva ou negativa no candidato, faça perguntas de prova contrária para ampliar a "investigação", garantindo a visão global do perfil do candidato. Se a pergunta inicial foi positiva, faça uma negativa para investigar a mesma soft skill, e vice-versa. Por exemplo, uma pergunta positiva poderia ser pedir exemplos de situações em que conseguiu atingir suas metas antes do prazo, e de negativa, exemplos de situações em que não foi possível atingir a meta dentro do prazo. As duas perguntas investigam as mesmas soft skills: organização, gestão do tempo, proatividade, foco em resultados e planejamento.

A estruturação das perguntas começa a ser desenvolvida já na análise da descrição do cargo (mapeamento e extração de soft skills) e na mensuração das competências (grau das soft skills). É com base nessas informações que a ferramenta para a entrevista personalizada com perguntas comportamentais é criada. Essa sequência de ferramentas encaixadas para a construção das perguntas demonstra todo o processo feito para chegar a elas, não deixando espaço para questionamentos. Assim, é importante ressaltar que as perguntas da entrevista comportamental devem ser:

- construídas com base nas soft skills do mapeamento do cargo (que você organizou na preparação da entrevista);

- abertas e específicas para investigação de soft skills requeridas (não vale "sim" e "não" como resposta);

- situacionais, ou seja, sempre pautadas em situações vividas em que precisou das soft skills investigadas, o que dá foco e segurança para o entrevistador observar a evidência de soft skill no perfil do candidato; e

- estruturadas com os verbos de ação no passado (conte-me como se destacou, contribuiu, entregou, percebeu, agiu, comunicou, etc.).

As perguntas da entrevista comportamental são, portanto, uma ferramenta de investigação do comportamento passado do candidato (precisamos saber como agiu e não como gostaria de agir) e uma previsão de comportamentos futuros (o passado prediz o futuro), que serão necessários nas atividades do cargo.

Como criar perguntas comportamentais com foco em soft skills específicas

As perguntas comportamentais devem ser estruturadas e criadas de acordo com um minigrupo de, no máximo, três soft skills que você deseja investigar. Se fizermos uma pergunta para investigar muitas de uma só vez, perderemos o foco da observação de evidência de soft skills.

Para que a ferramenta de entrevista comportamental possa ser criada (criação das perguntas comportamentais), em primeiro lugar é preciso ter o cargo mapeado e mensurado em mãos, para, com base nas soft skills extraídas (do mapeamento), formar grupos de soft skills por similaridade e construir as perguntas comportamentais. O quadro 5.1 apresenta exemplos da ferramenta criada de maneira personalizada por minigrupos de soft skills.

Quadro 5.1 – Exemplos de perguntas comportamentais

Minigrupos de três ou menos soft skills	Perguntas comportamentais
Foco em resultados Resiliência	■ Conte sobre um projeto que implantou com grande impacto positivo nos resultados. ■ Relembre alguma situação em que o excesso de trabalho tenha trazido consequências negativas para sua vida pessoal e como você administrou.
Proatividade Dinamismo Agilidade	■ Dê um exemplo de uma situação em que entregou uma demanda antes do tempo solicitado. ■ Conte sobre alguma situação em que você foi cobrado por ter dificuldade em cumprir o prazo, e como administrou.
Comunicação Clareza	■ Fale sobre uma comunicação que tenha feito com facilidade e que toda a equipe compreendeu imediatamente. ■ Conte sobre alguma vez em que sua comunicação não tenha sido bem compreendida por alguém.
Flexibilidade Empatia Disponibilidade	■ Fale sobre uma situação em que você foi solidário com os sentimentos de alguém de sua equipe que passava por adversidades e como foi. ■ Descreva uma situação em que fez uma proposta de mudança para ajudar no processo de outra pessoa.
Empreendedorismo Assertividade Foco no cliente	■ Relate uma situação em que tenha extrapolado a expectativa do cliente e tenha sido reconhecido por isso. ■ Conte uma situação em que não atendeu completamente à expectativa do cliente e como administrou.

IMPORTANTE

Observe que a entrevista comportamental é totalmente personalizável! Por exemplo, se a organização tem a definição das competências organizacionais, podem/devem ser criadas perguntas comportamentais para investigar as respectivas competências no perfil dos candidatos a cargos estratégicos, como especialistas e lideranças; se a organização quiser montar uma equipe para um novo projeto, poderá mapear as competências requeridas pelo projeto e criar perguntas comportamentais para encontrar os perfis mais compatíveis com essa necessidade. E isso também se aplica aos valores, pode-se criar perguntas comportamentais específicas para investigar comportamentos requeridos e valorizados pela organização.

Figura 5.1 – Expectativa × realidade

No currículo

Habilidades:
- Inteligência emocional
- Resistência à frustração
- Resiliência
- Trabalho sob pressão

No trabalho

O currículo nem sempre retrata a realidade, por isso, é preciso "investigar" as soft skills com técnica e ferramenta adequadas. As perguntas comportamentais sobre ações do passado nos permitem entender com melhor clareza como o indivíduo reage a determinadas situações.

IMPORTANTE

As soft skills estão nas *ações* contidas nas respostas do candidato.

Como observar e mensurar a entrevista com foco em soft skills nas respostas dos candidatos

Para auxiliar na observação e na mensuração das respostas dos candidatos, podemos utilizar a técnica CAR (contexto, ação e resultado). Os quadros 5.2 e 5.3 trazem exemplos práticos para que possamos compreender melhor como essa técnica funciona.

Quadro 5.2 – Exemplo 1: simulação de resposta de candidato

Soft skills investigadas: proatividade e inovação	
Pergunta	Como você fez para se manter atualizado durante esse tempo?
Resposta	Ah, eu leio algumas coisas, mas estou buscando uma nova oportunidade para que eu possa voltar a estudar.
Contexto	Estava desempregado, em busca de oportunidade.
Ação	Leitura e busca de nova oportunidade.
Resultado	Não está totalmente alheio, mas espera por algo para conseguir o que deseja. Não se manteve atualizado.

No exemplo do quadro 5.2, podemos observar pela resposta que o candidato forneceu poucos subsídios de ações que pudessem mostrar forte evidência das soft skills proatividade e inovação. Neste caso, a mensuração da resposta seria grau 1 ou 2, a depender de todo o contexto da entrevista.

Quadro 5.3 – Exemplo 2: simulação de resposta de candidato

Soft skills investigadas: proatividade e inovação	
Pergunta	Como você fez para se manter atualizado durante esse tempo?
Resposta	Estou desempregado, não estou estudando no momento, mas busco leituras e vídeos atuais sobre o tema, participo de *lives* gratuitas, anoto e pesquiso o que achei mais interessante, e sigo personalidades que são referências no tema no LinkedIn. Desejo fazer uma pós-graduação.
Contexto	Estava desempregado, em busca de oportunidade.
Ação	Busca ativa sobre tudo que é relacionado ao tema, interação contínua com o tema por meio de referências no tema. Busca em diferentes canais.
Resultado	Conseguiu manter-se atualizado mesmo sem estudar formalmente.

Já no exemplo do quadro 5.3, podemos observar forte evidência das soft skills investigadas na resposta e nas ações do candidato. Neste caso, a mensuração da resposta seria grau 4 ou 5, a depender de todo o contexto da entrevista.

> **IMPORTANTE**
>
> Antes da entrevista, organize todos os documentos e informações sobre o candidato e a vaga.

Entrevista comportamental para aprendizes e estagiários

Caso a empresa não tenha descrição de cargo com as atividades que aprendizes e estagiários vão desempenhar, mantenha o padrão e utilize a entrevista comportamental para identificar comportamentos específicos básicos para o cotidiano do trabalho e para o cargo. Recomendamos que a área de recrutamento eleja algumas soft skills essenciais de acordo com a organização e a área em que ficarão alocados, para direcionar a observação durante a entrevista e ter um parecer padronizado com foco em soft skills.

Como conduzir a entrevista comportamental

Para auxiliar no entendimento e para que você possa usar facilmente este material para consulta, apresentaremos de maneira pontual, prática e didática como conduzir uma entrevista comportamental.

Antes de iniciar a entrevista

É muito importante deixar bem claro como será a entrevista e alinhar as expectativas para diminuir a ansiedade do candidato. Para garantir uma boa entrevista, sugerimos avisar ao candidato:

- Que vocês terão um tempo (dizer quanto tempo) para a conversa.
- Que o foco da entrevista é nas competências comportamentais (soft skills) necessárias para o cargo.
- Que fará perguntas com base em experiências passadas para conhecer o perfil e ter condições de avaliar se é compatível com o cargo.

- Que as perguntas serão sobre sucessos e insucessos, erros e acertos, pois tudo isso faz parte de nossa jornada.

- Que solicitará exemplos de situações vividas, não há certo e errado, somente a experiência, pedir para que fique tranquilo.

- Que fará algumas anotações para não perder nada importante e consultar depois.

- Que em alguns momentos poderá olhar o material para ter certeza de que não esqueceu de perguntar algo essencial.

- Que o candidato pode perguntar caso não tenha entendido a pergunta ou tenha qualquer dúvida.

- Que o silêncio não incomoda, que o candidato pode pensar se necessário.

- Que não fique preocupado caso não tenha resposta para a pergunta em questão, vocês partirão para a próxima pergunta.

A entrevista

Com os avisos iniciais dados, podemos iniciar nossa entrevista comportamental.

- Sempre inicie com o quebra-gelo ou rapport, perguntas genéricas e positivas, assim o candidato reduz a ansiedade e a interação é facilitada.

- Pergunte se tem alguma dúvida ou se podem prosseguir.

- Faça perguntas técnicas ou confirme alguma informação caso tenha ficado alguma dúvida relativa ao currículo ou ao processo até aqui.

- Inicie as perguntas comportamentais alternando perguntas positivas (sucessos/acertos) seguidas de negativas (insucessos/erros), para manter o equilíbrio e o clima positivo durante a entrevista.

- Contextualize as perguntas difíceis de serem respondidas, se sentir necessidade, principalmente para perguntas negativas, por exemplo:

"sabemos que todas as pessoas durante sua jornada têm erros e acertos, a vida é um eterno aprendizado, então gostaria que se lembrasse de algum erro que tenha cometido e como resolveu a situação". A contextualização torna a pergunta comum, mais fácil de ser respondida, bem diferente de perguntar diretamente algo como "conte sobre erros que cometeu no seu último emprego".

Como adequar as respostas às perguntas comportamentais

Para que você tenha sucesso na mensuração das soft skills de acordo com as respostas dos candidatos, nunca aceite respostas em terceira pessoa (nós, a gente, fizemos, planejamos, foi feito, dizem que) ou respostas relativas, ou que exprimem incerteza (eu acho que, penso que). Nesses casos, solicite que o candidato fale apenas sobre o que ele fez na situação, como ele agiu ou reagiu, dentro do que está relatando, e que fale sempre na primeira pessoa (pedi, agi, fiz, solicitei, realizei, planejei, comuniquei, contribuí).

Como lidar com o silêncio do candidato

Quando o candidato ficar em silêncio ou não se lembrar de um exemplo solicitado, tente agir com naturalidade e empatia. Diga que o silêncio não o incomoda, que isso é natural acontecer, que tem direito de pensar e que você pode aguardar. Se julgar necessário, peça que respire fundo 3 vezes para oxigenar o cérebro e desbloquear a memória. É muito provável que ele se lembre da resposta pouco tempo depois. Caso não se lembre, basta seguir para a próxima pergunta.

Como obter o controle da entrevista

O entrevistador deve obter o controle da entrevista interrompendo com sutileza e empatia quando observar que já tem os subsídios de que precisa para avaliar a soft skill em questão. Você certamente entrevistará candidatos mais expansivos e comunicativos – e isso pode ser ótimo –, mas você precisa dosar o tempo que foi combinado para a entrevista, principalmente quando já possui o subsídio que necessita. Neste caso, diga que a resposta já é satisfatória e que tem outras perguntas que gostaria de fazer, entrando imediatamente com a próxima pergunta.

Encerramento da entrevista

- Agradeça o tempo e a participação do candidato.

- Informe em qual prazo terá o resultado da etapa atual e qual será a próxima etapa caso seja aprovado.

- Pergunte se tem alguma dúvida que gostaria de esclarecer.

- Deseje sucesso ao candidato e despeça-se em um clima de alto-astral para que o candidato leve uma impressão positiva da experiência com você e sua organização.

Caso o candidato pergunte se foi bem na entrevista, a resposta deve ser técnica e empática. Por exemplo: "Se você chegou até esta etapa do processo seletivo, é porque tem um bom perfil. A missão da seleção é identificar, entre esses bons perfis que chegaram até aqui, qual é o mais compatível com o perfil do cargo, da equipe, da liderança e da cultura da organização. Pode ser que seja você, pode ser que não. Tudo tem a hora certa, te desejo muito sucesso".

IMPORTANTE

- O entrevistador poderá fazer quantas perguntas quiser para investigar cada grupo de, no máximo, três soft skills similares. Por isso, é importante ter ao menos três perguntas para cada grupo de soft skills, assim, você terá mais chances de extrair as informações que precisa.

- Todas as soft skills de cada grupo deverão ser investigadas.

- Os grupos com maior grau de exigência devem ser investigados com maior critério e maior quantidade de perguntas comportamentais.

- Cada pergunta deverá receber um grau de acordo com observação da evidência das soft skills investigadas, a partir da resposta do candidato, conforme critério de mensuração.

> - É responsabilidade do entrevistador extrair o CAR completo na resposta do candidato, fazendo perguntas complementares se necessário. Lembre-se de que as soft skills estão nas ações fornecidas pelo candidato.

Dicas para o sucesso da entrevista comportamental

Separamos alguns detalhes essenciais e dicas para que você possa potencializar o processo seletivo, melhorar a experiência do candidato, aprimorar a observação e a mensuração das soft skills durante a entrevista.

Comunicação não verbal

Quando a comunicação demonstra conteúdos *verdadeiros*, o candidato:

- Aproxima-se mais fisicamente.
- Relaxa, descruzando pernas e braços.
- Não tem dificuldade em cruzar o olhar e faz isso diversas vezes.
- Fala com maior empolgação, entonação e velocidade de voz.
- Em sua resposta, entrega riqueza de detalhes.
- Demonstra orgulho e alegria pelo que fez.
- Demonstra segurança no que está respondendo.

Quando a comunicação demonstra conteúdos *não verdadeiros*, o candidato:

- Demora muito mais para se lembrar da resposta.
- Se mexe muito na cadeira, não encontra posição, cruza e descruza várias vezes pernas e braços.
- Respira ofegante.
- Olha para o espaço, evita cruzar olhares.
- Quando se lembra de uma resposta, fala com objetividade, sem detalhes, para se livrar logo do assunto.

- Demonstra preocupação, pressa e ansiedade.
- Fornece respostas curtas para evitar contradições.

Para as entrevistas

- Prepare-se, pois o sucesso da entrevista está na preparação.
- Organize tudo que precisa com antecedência: currículo do candidato, todas as informações sobre a vaga em questão, mapeamento e mensuração do cargo, entrevista comportamental com foco em soft skills, bloco de anotações físico ou virtual, local silencioso e adequado para a entrevista, seja presencial ou on-line.
- Dê um intervalo de pelo menos 15 minutos entre as entrevistas, assim você evita atrasos e tem tempo de fazer as anotações que precisa antes que se esqueça.
- No caso de entrevistas on-line, providencie um local silencioso e sem interrupções (também indique isso ao candidato no convite para a entrevista).
- Em entrevistas on-line, aumente a atenção em cada resposta do candidato em: foco dos olhares, ritmo de voz e entonação, ritmo de respiração, tamanho da resposta, postura geral e dos ombros, testa franzida, olhos apertados, postura engessada ou se mexendo demais, e falta de espontaneidade e naturalidade.

Além das condutas ideais, é muito importante também atentar ao que *não* se deve fazer em uma entrevista:

- Agendar a entrevista e não atender na hora combinada.
- Fazer a entrevista sem ter organizado todas as informações necessárias para fazer uma boa entrevista e passar credibilidade.
- Não ter planejado a entrevista comportamental para investigar as soft skills necessárias para o cargo.

- Fazer a entrevista com sono ou tendo tomado algum medicamento que comprometa a atenção.
- Receber o candidato de maneira seca, sem empatia e cortesia.
- Chamar o candidato pelo nome errado, confundir o cargo ou qualquer outra informação sobre a vaga que o candidato concorre.
- Atender o candidato em local inapropriado, com ruídos e interrupções.
- Interromper a entrevista para atender telefonemas ou pessoas.
- Fazer perguntas hipotéticas, indutivas ou de múltipla escolha.
- Colocar palavras na boca do candidato ou ajudar a responder.
- Validar ou invalidar a resposta do candidato.
- Fazer perguntas pessoais, invasivas e desvinculadas ao cargo.
- Não dar tempo suficiente para que o candidato pense na resposta.
- Ficar olhando no relógio, balançando pés e pernas ou apertando a caneta enquanto o candidato responde ou pensa para responder.
- Interromper a entrevista de maneira abrupta ao perceber que o candidato não atende ao perfil do cargo.
- Não planejar um atendimento humanizado.

A postura do entrevistador

A postura do entrevistador é fundamental para a integridade do processo seletivo, assim:

- Seja ético e imparcial, independentemente da sua relação com os candidatos internos ou externos.
- Atenha-se à necessidade descrita no mapeamento do perfil de soft skills do cargo para se manter no foco.

- Trate a todos com discrição, empatia, respeito e profissionalismo.

- Aceite indicações, mas deixe claro que os indicados passarão pelo mesmo processo seletivo que todos os outros, sem nenhum privilégio.

- No caso de indicações, demonstre para a pessoa que indicou se o candidato tem ou não perfil aderente ao cargo em questão por meio de metodologia que fornece subsídios tangíveis.

- Se tiver de entrevistar pessoas mais próximas, amigos ou familiares, deixe claro logo no início da entrevista seu papel profissional e sua imparcialidade, pois o candidato aprovado será aquele que mais se adequar ao perfil do cargo.

- Conscientize tecnicamente os parceiros que ainda estão presos a conceitos do passado, ou seja, que não conhecem ou contradizem a metodologia utilizada pela área de seleção.

- Compartilhe as técnicas, os critérios e as ferramentas utilizadas com os gestores, para passar credibilidade aos clientes internos e diminuir resistências.

O papel do requisitante na seleção

É um papel de parceria e troca, uma relação de complementaridade, na qual o gestor se responsabiliza pela parte técnica e o recrutamento, pela parte comportamental. Portanto, é responsabilidade do gestor requisitante:

- Verificar e atualizar a descrição de cargo.

- Fornecer todas as informações para alinhamento do perfil do candidato.

- Informar as competências técnicas (hard skills) necessárias para a função.

- Realizar a entrevista técnica.

- Preencher a parte que lhe cabe no parecer da entrevista.

- Tomar a decisão final com base em todas as informações levantadas no processo seletivo.

Por fim, sabemos que o grande desafio da atração de talentos é identificar o perfil do cargo e ter as ferramentas para encontrar o candidato com o perfil mais compatível ao cargo. No entanto, essa é também a fórmula do sucesso! Agora você tem técnicas, ferramentas e informações valiosas para elevar o nível do processo seletivo de sua organização, contando com o que há de mais atual no mercado de recrutamento e seleção com foco em competências.

Considerações finais

A entrevista comportamental desempenha um papel fundamental no processo seletivo, pois permite que recrutadores avaliem competências comportamentais por meio de experiências vividas. Essa abordagem baseia-se na premissa de que o melhor indicativo do comportamento futuro de um candidato é seu comportamento passado.

Durante a entrevista comportamental, os candidatos são questionados sobre situações reais e desafios que já enfrentaram, bem como suas ações e os resultados dessas situações. Isso proporciona aos recrutadores insights valiosos sobre como o candidato lida com diferentes cenários, resolve problemas, trabalha em equipe, lida com conflitos e toma decisões sob pressão, por exemplo.

Portanto, a entrevista comportamental é uma ferramenta essencial no processo seletivo, fornecendo uma compreensão mais profunda e específica sobre o candidato, que interferirá em seu potencial de contribuição para a organização. Essa abordagem mais abrangente ajuda a garantir que a escolha final de um candidato esteja alinhada com as necessidades, estratégia e objetivos da organização.

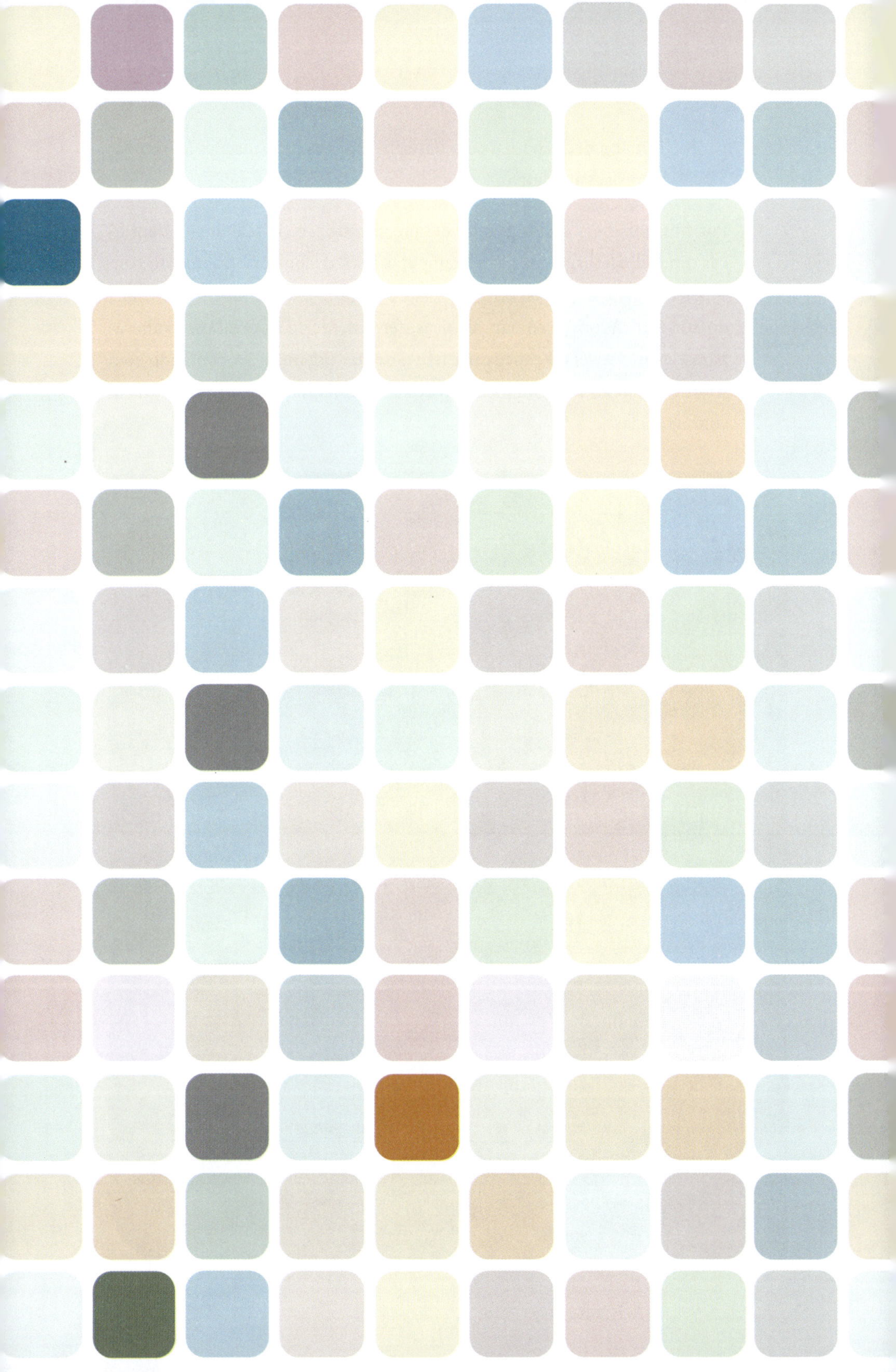

CAPÍTULO 6

Parecer do processo seletivo

> "100% dos clientes são pessoas. 100% dos funcionários são pessoas. Se você não entende as pessoas, não entende os negócios."
> – Simon Sinek, autor e palestrante.

Não devemos nos esquecer de que estamos sempre lidando com pessoas. Portanto, realizar um processo seletivo justo e transparente é imprescindível para uma relação de confiança entre a organização, o requisitante e os candidatos. Ao apresentar um parecer detalhado, assegura-se que o requisitante entenda a metodologia e os critérios utilizados, proporcionando mais integridade e objetividade ao processo.

As pessoas têm habilidades e competências diferentes, assim, a seleção de candidatos é feita verificando os perfis que mais se adequam às competências requeridas pelo cargo ou função.

Estrutura do parecer da entrevista comportamental com foco em soft skills

Apresentamos, até aqui, ferramentas mensuráveis para a realização de um processo seletivo assertivo e sem subjetividade. Com esses critérios e informações valiosas em mãos, podemos construir um parecer de entrevista detalhado que impressionará a todos os envolvidos.

Recomendamos que mantenha sempre junto ao parecer, no mesmo arquivo, a explicação dos critérios utilizados. Além de disseminar informação e conhecimento, o requisitante pode usá-lo para consulta caso tenha dúvida. O quadro 6.1 apresenta um exemplo de como podemos montar esse material.

Quadro 6.1 – Exemplos de legendas para os critérios utilizados

CRITÉRIOS DA MENSURAÇÃO DO PROCESSO SELETIVO	
Item	Significado
Minigrupos de soft skills	São as soft skills requeridas que foram previamente mapeadas e extraídas dos indicadores (atividades constantes na descrição do cargo atualizada).
Grau do cargo	Representa o nível requerido para as respectivas soft skills exigidas pelo cargo. É o resultado da mensuração relativa à quantidade de vezes que as soft skills foram evidenciadas no mapeamento das atividades do cargo.
Grau do candidato	É o número atribuído ao perfil do candidato com base na entrevista comportamental com foco nas soft skills requeridas.
Gap	É o número referente à diferença entre o grau exigido pelo cargo e o grau obtido pelo candidato na entrevista comportamental.
Soft skills incompatíveis com o perfil do cargo	São as soft skills com gaps, que estão abaixo do que o cargo necessita, de acordo com o mapeamento e a mensuração.
Soft skills compatíveis com o perfil do cargo	São as soft skills que o candidato demonstrou grau igual ou maior do que exigido pelo cargo de acordo com o mapeamento e mensuração.

Ao montar o parecer, tenha em mente que um parecer completo do processo seletivo deve ser capaz de entregar:

- Evidências e compatibilidade de hard skills (competências técnicas) e soft skills (competências comportamentais) requeridas para o cargo, com garantia dos indicadores.

- Mensuração das soft skills, a base para objetividade do perfil do cargo.

- Resultado da entrevista comportamental.

- Gaps de soft skills em relação ao perfil do candidato *versus* perfil exigido pelo cargo.

- Atividades que serão prejudicadas pelos gaps de soft skills.

- Informações objetivas e mensuráveis para tomada de decisão assertiva pelo requisitante.

- Informações para desenvolvimento de soft skills para a área de treinamento e para a liderança direta do candidato.

No quadro 6.2, sugerimos um modelo de parecer final de processo seletivo para que você possa evidenciar e tornar tangíveis os critérios e resultados do processo. Apresentamos o parecer preenchido para que possa entender melhor como ele funciona na prática.

Quadro 6.2 – Sugestão de modelo de parecer final de processo seletivo

PARECER DE PROCESSO SELETIVO	
O processo seletivo é conduzido pela equipe de recrutamento e seleção em conjunto com o requisitante da vaga.	
Este é um documento confidencial. Em caso de contratação, fará parte do prontuário do candidato selecionado, ficando à disposição para consultas e tratamento dos gaps de hard e soft skills pela equipe de treinamento em parceria com o gestor imediato.	
Candidato(a): Ariel Siqueira	**Vaga:** 1122
Cargo: Analista financeiro sênior	**Unidade:** Osasco
Requisitante: Robson Augusto	
Selecionador responsável: Elisangela Silva	
Formação exigida: Superior em administração ou áreas afins (cursando)	
Formação do candidato: Cursando Ciências de dados (4º semestre)	

FERRAMENTAS UTILIZADAS NO PROCESSO SELETIVO	
Jogo com foco em soft skills	**APROVADO**
Teste técnico de matemática financeira	**APROVADO**
Entrevista comportamental	**APROVADO**
Outras informações/ferramentas (por exemplo, teste psicológico)	

(cont.)

Entrevista comportamental com foco em soft skills				
(Avaliação comportamental que identifica a compatibilidade entre o perfil do cargo e o perfil do candidato)				
Minigrupos de soft skills	Grau exigido pelo cargo	Grau do candidato	Gap	Compatibilidade entre perfil de cargo e candidato
Comunicação Clareza Assertividade	5	4	1	Incompatível com o perfil do cargo
Trabalho em equipe Foco no cliente	5	5	0	Compatível com o perfil do cargo
Capacidade de análise Visão sistêmica Planejamento	5	4	1	Incompatível com o perfil do cargo
Foco em resultado Proatividade	5	4	1	Incompatível com o perfil do cargo

Comentários e observações do selecionador

Geral: o candidato apresentou um currículo com mais de 6 anos como analista financeiro. Durante a entrevista, apresentou habilidades e vivências suficientes para ocupar o cargo, mesmo com gaps em algumas soft skills, pois demonstra facilidade em aceitar o aprendizado e aprender. Teve facilidade para responder às perguntas e trazer exemplos pertinentes às atividades do cargo e competências requeridas.

Apresentou clareza e ótimo conhecimento nas rotinas da área financeira, destaca-se em soft skills como comunicação, planejamento e proatividade. E em hard skills como Excel avançado.

Perfil compatível com a vaga.

Pontos positivos em destaque: trabalho em equipe e foco no cliente.

Pontos de atenção: acompanhamento e desenvolvimento das soft skills com gap.

(X) APROVADO   ( ) REPROVADO

Em caso de incompatibilidade de perfil para este processo seletivo, tem indicação para participar de novos processos para os seguintes cargos/funções (se for o caso):

(cont.)

Parecer do requisitante (após a entrevista técnica):
Sou favorável à contratação, considerando o currículo, a experiência, o bom desempenho na entrevista técnica e a aprovação na entrevista por competências. Durante a entrevista técnica, o candidato demonstrou muita experiência na área financeira, além da vontade de fazer parte desta empresa. Ele se destacou em competências técnicas necessárias para a área. Solicitamos, assim, a contratação dele com a brevidade possível. **Robson Augusto** (Nome do requisitante)
Importante:
Este formulário é confidencial, de uso restrito entre requisitante e recrutador, e não pode ser encaminhado para qualquer outra pessoa. **Elisangela Silva** (Nome do selecionador) À disposição para esclarecimentos – Equipe de Recrutamento

Como é possível observar em nosso modelo de parecer final de processo seletivo (quadro 6.2), há um espaço reservado para o parecer do requisitante após a entrevista técnica. No próximo capítulo, apresentaremos com mais detalhes a entrevista técnica e o papel da área de recrutamento nessa etapa.

Observações importantes sobre a avaliação comportamental (soft skills)

Recomendações sobre os gaps dos candidatos

Candidatos com gaps menores ou iguais a 1 grau: o candidato considerado aprovado na entrevista comportamental e no processo seletivo sem ressalvas é aquele que não tem nenhum gap ou aquele que possui gaps iguais ou menores que 1 grau nos minigrupos de soft skills. Além disso, some à sua avaliação a análise do conjunto de ferramentas utilizadas durante o processo seletivo para chegar a uma conclusão.

Candidatos com gaps maiores de 1 grau: se os gaps forem maiores que 1 grau, será necessária uma análise detalhada entre gestor e recrutador para evidenciar quais atividades serão prejudicadas pelos gaps de soft skills. Somando isso a uma análise positiva geral do processo seletivo, o candidato poderá ser aprovado.

> **IMPORTANTE**
>
> Não recomendamos aprovar candidatos com gaps iguais ou maiores de 1,5 grau em vários minigrupos de soft skills, pois, sem dúvida, as atividades do cargo serão prejudicadas e em breve a organização e a área de recrutamento terão retrabalho e custo para um novo processo seletivo.

No capítulo 8, "Desenvolvimento de soft skills: de candidato a colaborador", discorremos um pouco mais sobre o acompanhamento e o desenvolvimento das soft skills com gaps de colaboradores. Esse tipo de programa é importante para alinhar as habilidades dos colaboradores com os objetivos estratégicos da organização, ou seja, orientar e desenvolver o colaborador para que ele preencha as lacunas de competências específicas que são necessárias para conduzir a organização em direção ao seu objetivo.

Decisão final da contratação

Sabemos que a decisão final sempre será do gestor requisitante. Claro, com a devida observação no parecer final, justificando seu pedido de contratação. Por isso, sugerimos um modelo de parecer (quadro 6.2) no qual o requisitante registre suas motivações e observações para aprovar ou reprovar, desse modo, será uma responsabilidade conjunta registrada no histórico do processo.

Considerações finais

A transparência no processo seletivo é fundamental para construir uma relação de confiança entre a organização, o requisitante e os candidatos. Detalhar a metodologia, as técnicas e os critérios utilizados durante a seleção em um documento claro e objetivo não só eleva o nível de profissionalismo da área, como também assegura aos participantes uma compreensão ampla sobre o processo de avaliação dos candidatos. Esse tipo de comunicação minimiza dúvidas e ansiedades, proporcionando uma experiência mais positiva e tranquila para todos os envolvidos.

Além de fortalecer a imagem da área de recrutamento/gestão de pessoas como criteriosa e transparente, a explicitação dos critérios de seleção contribui significativamente para a eficiência do processo. Requisitantes bem-informados tendem a compreender melhor as etapas do processo seletivo, resultando em participação e contribuição mais precisa por parte do requisitante.

Portanto, investir na colaboração e na elaboração de um documento bem estruturado que descreva metodologias, técnicas e critérios de seleção não é apenas uma questão de transparência, mas também uma estratégia inteligente que beneficia a todos os envolvidos.

CAPÍTULO 7

Entrevista técnica

> "Conheça todas as teorias, domine todas as técnicas, mas, ao tocar uma alma humana, seja apenas outra alma humana."
> – Carl Jung, psiquiatra suíço e fundador da psicologia analítica.

Os candidatos que chegaram até aqui já foram aprovados na entrevista comportamental com foco em soft skills e, se for o caso, também nos testes técnicos. Então, por que a entrevista técnica é necessária?

Na entrevista com o requisitante, o intuito é analisar mais profundamente no candidato as competências técnicas (hard skills) requeridas e entender, por meio de experiências passadas, se suas ações estão de acordo com o que se espera para exercer a função na organização. Além disso, nesse momento, a liderança pode observar seu grau de afinidade com o candidato, que comporá sua equipe.

Por meio da entrevista técnica, a liderança pode efetuar contratações prósperas e adequadas ao seu grupo de trabalho, constituindo equipes fortes e bem integradas.

Entrevista técnica com o requisitante

Esta etapa do processo seletivo tem por objetivo conhecer melhor as habilidades técnicas do candidato e verificar a sinergia entre liderança, organização e candidato. Mais do que uma formalidade, essa entrevista é uma ferramenta estratégica para avaliar tanto as competências técnicas dos candidatos quanto sua capacidade de se alinhar aos valores e à cultura da empresa.

Primeiro, é importante ressaltar que a liderança deve ser treinada e orientada pela área de recrutamento periodicamente sobre o modelo e os critérios do processo seletivo. A liderança precisa ter clareza do seu papel dentro do processo seletivo.

A entrevista técnica é realizada pela liderança imediata (requisitante) após a aprovação na entrevista comportamental feita pela área de recrutamento. Nessa etapa, o requisitante já tem o parecer do processo seletivo, conhece o perfil comportamental do candidato e sabe que o candidato tem o perfil comportamental aprovado. O requisitante será o responsável por realizar a entrevista técnica após ter recebido as orientações da área de recrutamento.

Na entrevista, podem estar presentes mais de um entrevistador. Como há apenas uma acareação técnica, a liderança, se quiser, pode levar uma pessoa da equipe para ajudar na análise técnica. Caso sejam as primeiras entrevistas técnicas, pode também solicitar a presença do profissional de recrutamento para apoiar na realização da entrevista até que sinta segurança. Para entrevistas com PcD, a depender do caso e da deficiência, indicamos que o profissional de recrutamento que conduziu a entrevista comportamental ou um profissional de diversidade/inclusão acompanhe a entrevista técnica.

Como conduzir a entrevista técnica

A metodologia da entrevista técnica com o requisitante/liderança deve seguir a mesma linha da entrevista comportamental. As competências técnicas (hard skills) devem ser observadas por meio das respostas do candidato com base nas experiências passadas vividas por ele. Claro que não é um processo engessado, a liderança pode ficar à vontade para fazer outras perguntas que julgar pertinentes durante a entrevista.

Na entrevista técnica, o requisitante faz perguntas estratégicas para avaliar no candidato as hard skills requeridas para o cargo.

A entrevista técnica deve seguir o mesmo padrão de perguntas da entrevista comportamental, ou seja, perguntas abertas, situacionais, com foco, neste caso, nas hard skills (competências técnicas) e com verbo de ação no passado. Entre seus objetivos, é importante destacar:

- que o requisitante da vaga conheça os candidatos e analise o grau de afinidade com cada um, uma vez que já estão aprovados na entrevista comportamental;

- que o requisitante analise qual entre os candidatos tem maior quantidade de habilidades técnicas necessárias para o cargo, ou seja, avalie a experiência do candidato.

As perguntas, portanto, devem estar de acordo com os indicadores (as atividades do cargo), ser estratégicas, abertas e com verbos de ação no passado. O quadro 7.1 traz exemplos de perguntas de acordo com algumas áreas selecionadas.

Quadro 7.1 – Exemplos de perguntas comportamentais

Hard skills (competências técnicas)	Perguntas comportamentais
Gestão de arquivos e documentos	Conte em detalhes como fazia a gestão de arquivos e documentos importantes em seu cargo anterior.
	Quais recursos ou ferramentas utilizava para fazer a gestão dos arquivos e documentos?
Gestão financeira	Conte como realizava os lançamentos contábeis.
	Quais ferramentas ou recursos utilizava para controle dos lançamentos e como fazia?
Manutenção de máquinas	Conte como fazia a gestão da manutenção dos equipamentos.
	Como fazia para solucionar problemas com parada de máquinas?

Para o sucesso na entrevista técnica, assim como na comportamental, é fundamental que o candidato seja atendido em dia e horário agendados, com pontualidade. A entrevista deve iniciar com um quebra-gelo para deixar o candidato mais à vontade e fazer o possível para manter um clima positivo durante a entrevista. Lembre-se: a imagem que o candidato leva da empresa depende do atendimento que ele recebe desde o primeiro contato até o final do processo seletivo.

Considerações finais

A entrevista técnica realizada pela liderança é uma etapa crucial no processo de seleção e desenvolvimento de equipes dentro de organizações, uma vez que esse tipo de entrevista busca verificar um leque amplo de habilidades. Durante a entrevista técnica, a liderança tem a oportunidade de explorar com profundidade o histórico profissional do candidato, seus projetos anteriores, os desafios enfrentados e como eles foram superados. Isso permite uma avaliação mais precisa do potencial do candidato para contribuir para a empresa. Além disso, ao envolver a liderança diretamente no processo de entrevista, os candidatos ganham uma visão clara das expectativas de desempenho e dos valores da empresa, o que é fundamental para garantir uma integração bem-sucedida e duradoura.

Para que a entrevista técnica feita pela liderança seja eficaz, ela deve ser cuidadosamente planejada. Isso inclui a preparação de perguntas específicas que abordem aspectos técnicos. A liderança deve sempre estar preparada para ouvir atentamente, avaliar as respostas de maneira objetiva e proporcionar uma troca rica, permitindo que o candidato também faça perguntas. Além disso, é importante que o entrevistador crie um ambiente acolhedor e positivo para que o candidato possa demonstrar suas habilidades e qualidades sem reservas. Desse modo, a entrevista técnica torna-se um instrumento valioso para identificar talentos alinhados com a missão e os valores da empresa, contribuindo para a construção de equipes mais fortes e coesas.

CAPÍTULO 8

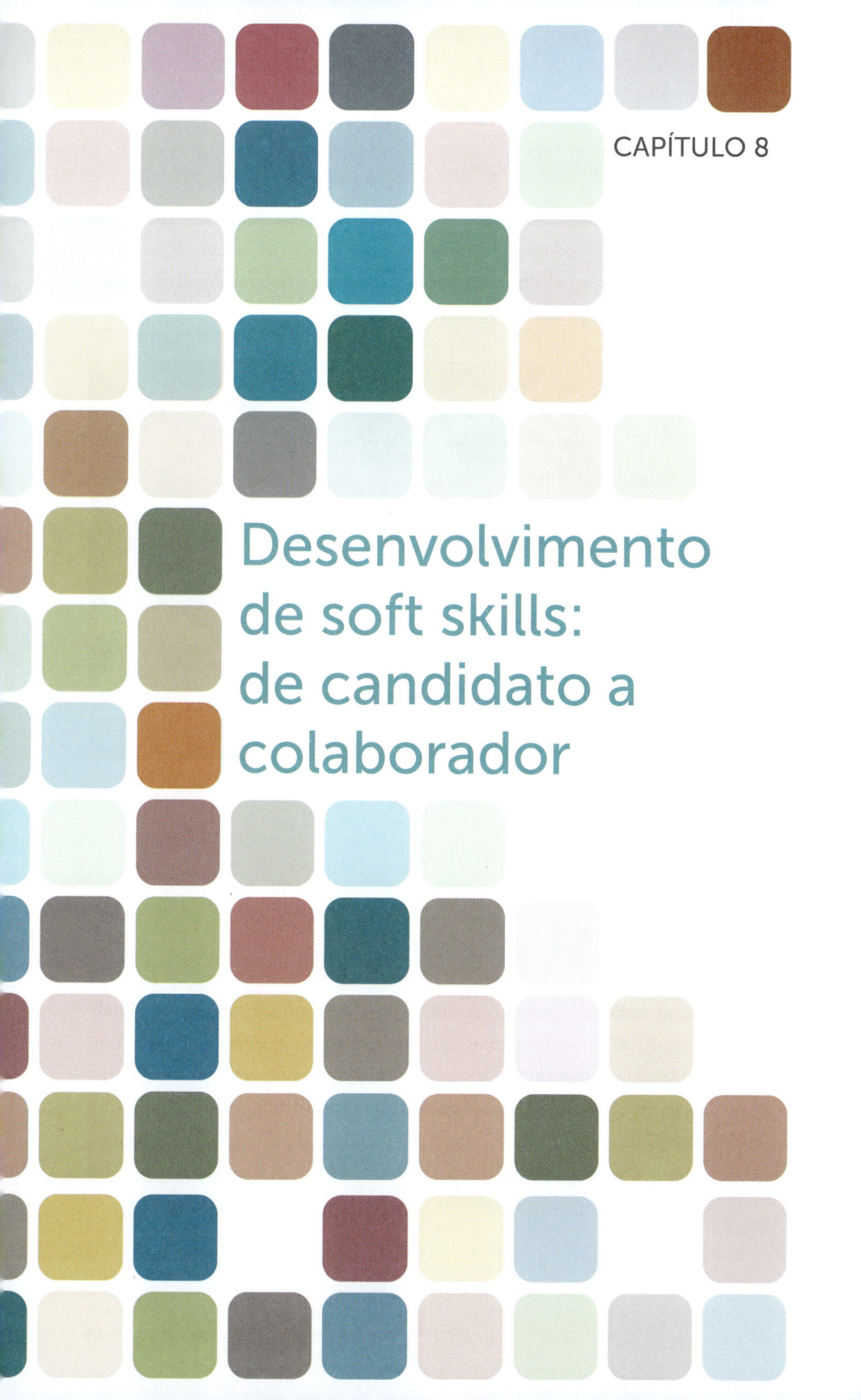

Desenvolvimento de soft skills: de candidato a colaborador

Candidato contratado, e agora?

Quando o candidato se torna um colaborador, inicia-se um novo processo: o de desenvolvimento. Geralmente, tem-se a noção de que gestão se refere a administrar o trabalho feito por outras pessoas, no entanto, gerir é sobre desenvolver as pessoas por meio do trabalho.

Gerir de maneira adequada uma equipe é aperfeiçoar as competências individuais e, consequentemente, aprimorar a colaboração e o trabalho em grupo.

Acompanhamento e desenvolvimento das soft skills com gaps

O desenvolvimento de competências dos colaboradores desde o início de sua jornada na organização é um investimento estratégico que traz benefícios não só para o indivíduo, mas também para a empresa como um todo. Ao integrar programas estruturados de desenvolvimento desde a contratação, as organizações estão, na verdade, preparando o terreno para uma cultura de aprendizado contínuo, adaptabilidade e inovação. Isso aumenta tanto a competência individual como eleva também a qualidade do trabalho em grupo, da comunicação e da colaboração dentro da empresa.

Um dos principais benefícios desses programas é a capacidade de alinhar as habilidades dos colaboradores com os objetivos estratégicos da organização. Isso significa que, desde o início, o colaborador é orientado e desenvolvido para preencher os gaps de competências individuais específicas necessárias para impulsionar a organização em direção ao seu desejado futuro. Além disso, ao investir em seus colaboradores desde o princípio, as empresas demonstram um compromisso com o bem-estar e o crescimento profissional de seus funcionários, o que, por sua vez, melhora a motivação, o engajamento, a satisfação no trabalho e a retenção de talentos.

Figura 8.1 – Desenvolver o colaborador para que ele possa preencher as lacunas em suas competências

O parecer final produzido como produto do processo seletivo é um material rico demais e com muitos subsídios personalizados sobre o cargo e o candidato (agora colaborador) para que fique apenas guardado em um prontuário após o preenchimento da vaga. Sugerimos que seja feito um trabalho de acompanhamento e de desenvolvimento com a área de treinamento para que, juntos, possam trabalhar com a liderança do agora colaborador o desenvolvimento das soft skills com gaps. Desse modo, reforçamos a permanência do colaborador com capacidade de qualidade máxima nas entregas, contribuindo diretamente para o desenvolvimento sustentável da organização.

Com um parecer que evidencie os gaps de soft skills em mãos, a área de treinamento pode indicar cursos ou outras ações específicas, como atividades práticas, leituras e até mesmo uma montagem de uma pequena trilha de desenvolvimento com um prazo de acompanhamento. Procedendo assim, é possível trabalhar e acompanhar de maneira integrada o desenvolvimento dos colaboradores desde a sua chegada. A figura 8.2 apresenta uma sugestão de fluxo para esse processo.

Figura 8.2 – Fluxo para processo de desenvolvimento do candidato que se tornou colaborador

- Parecer final da entrevista de novos colaboradores
- Compartilhamento com a área de treinamento e desenvolvimento de pessoas
- Análise dos gaps de competências
- E-mail personalizado, com indicação de desenvolvimento para o novo colaborador
- Responsabilidade compartilhada com a gestão direta
- Cumprimento dentro do prazo da experiência
- Recompensa para os que emitirem os certificados no prazo

A figura 8.2 ilustra um possível fluxo para o processo de desenvolvimento do colaborador envolvendo a área de treinamento e desenvolvimento de pessoas (gestão de pessoas) da organização – esta é uma parceria estratégica e poderosa.

Ao implementar um programa de desenvolvimento, é possível criar para cada colaborador um plano de desenvolvimento individual (PDI) ou um plano de desenvolvimento de competências (PDC) em parceria com a área de treinamento e a liderança do colaborador. A gestão do PDI ou PDC será de responsabilidade da liderança direta do colaborador, e a área de treinamento e desenvolvimento de pessoas será responsável por entregar ferramentas, cursos e possibilidades para que o colaborador se desenvolva com base no plano que foi construído.

Considerações finais

Programas estruturados de desenvolvimento de competências também promovem uma mentalidade de crescimento entre os colaboradores, incentivando-os a serem proativos em sua própria aprendizagem e desenvolvimento. Isso cria uma força de trabalho mais resiliente, capaz de se adaptar às mudanças e aos desafios do mercado com maior facilidade.

O investimento no desenvolvimento de competências desde a contratação é fundamental para construir uma equipe de alto desempenho que será a coluna vertebral do sucesso e da inovação organizacional em longo prazo.

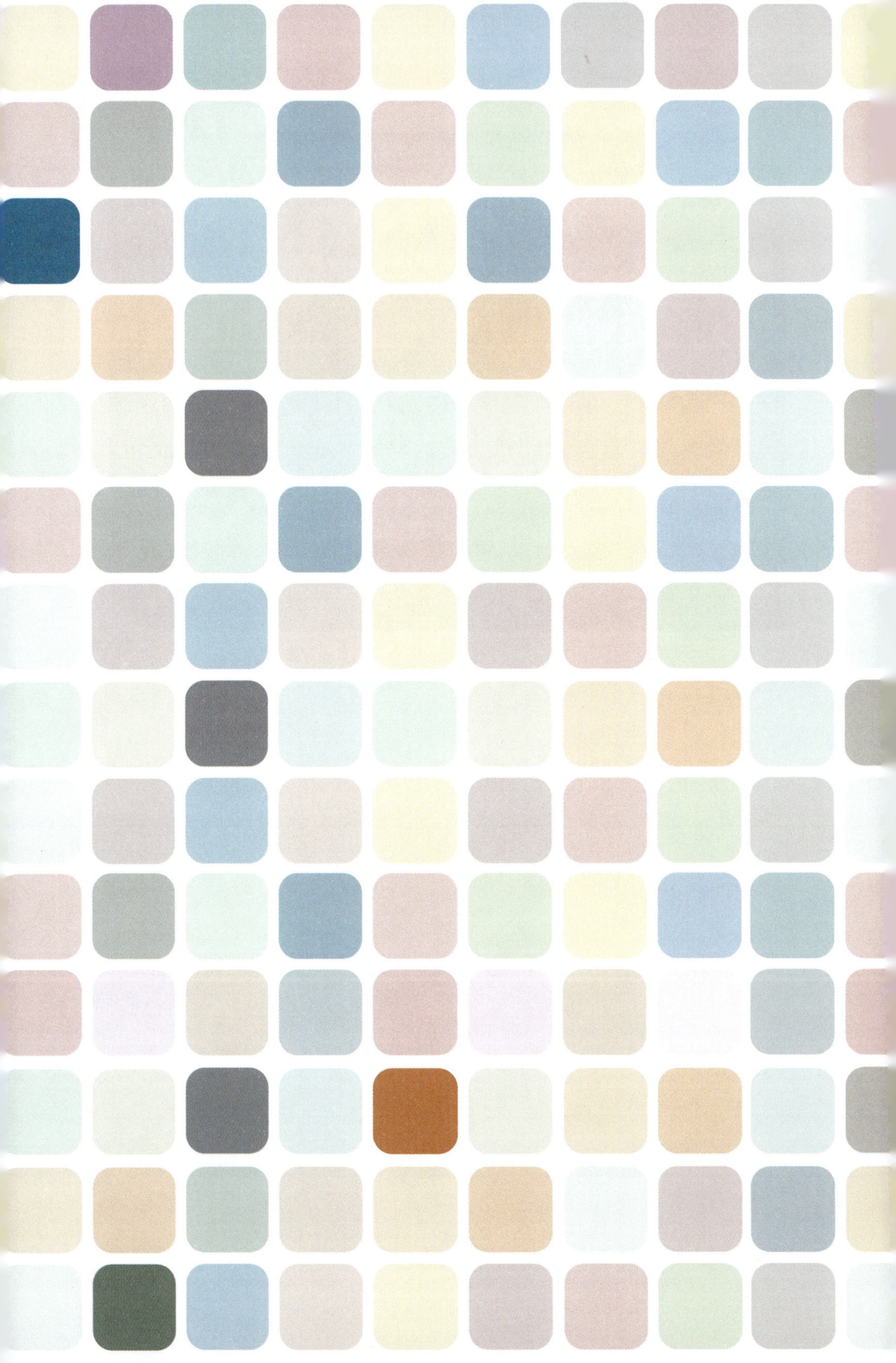

CAPÍTULO 9

Soft skills essenciais para o profissional de recrutamento

Mas... e os recrutadores? Também têm soft skills requisitadas?

Assim como para qualquer outro cargo ou função de uma organização, o mapeamento e a mensuração de soft skills também são feitos para os colaboradores da área de gestão de pessoas. No mundo corporativo atual, marcado por mudanças rápidas e constantes inovações, o desenvolvimento contínuo de soft skills torna-se um diferencial competitivo essencial. Essas habilidades são fundamentais para navegar no cenário ágil e dinâmico de hoje, e a capacidade de se adaptar rapidamente a novos contextos e de interagir eficientemente com colegas e clientes pode fazer a diferença entre o sucesso e a estagnação profissional.

Soft skills essenciais para recrutadores

Neste capítulo, falaremos um pouco sobre as soft skills fundamentais para quem trabalha com recrutamento e seleção. As soft skills, se bem desenvolvidas, serão o diferencial de sucesso em suas atividades e em sua carreira. Aqui, selecionamos dez soft skills que consideramos mais essenciais.

Escuta ativa

Aqui está a diferença entre ouvir e escutar: escutar é uma habilidade que vai além de ouvir, é a capacidade de utilizar outros sentidos (ouvir, ver, sentir). A escuta é psicológica e requer interpretação e empatia, exigindo muito do nosso cérebro e da nossa consciência. Escutar é um processo humano que depende de sua vontade em prestar atenção, refletir e compreender, é observar, dedicar tempo e atenção. Escutar é um ato de amor!

A escuta ativa e o saber ouvir são soft skills fundamentais para tudo na vida e são difíceis de desenvolver, requerendo muita consciência e treino. As pessoas que sabem ouvir são empáticas, observadoras e atenciosas.

Empatia

É a capacidade de se conectar com o outro, de compreender sentimentos, emoções e anseios alheios, de se colocar no lugar do outro e sentir o que o outro sentiria em determinada situação.

A empatia tem o poder de transformar as relações, de dar significado e estabelecer vínculos. Ao contrário da simpatia, que tem a ver com afinidade, a empatia "pede" que você deixe de lado seus achismos, expectativas, vieses e preconceitos para compreender o outro. Tudo é uma questão de perspectiva, e a capacidade de considerar isso, de ser consciente e presente nas relações leva à empatia.

A empatia é importante para estabelecer uma relação com os candidatos, deixando-os mais confortáveis e abertos para contribuir com o que você precisa saber sobre eles. Pessoas empáticas sabem ouvir, são imparciais e compreensivas.

Capacidade de análise ou pensamento crítico/analítico

É a habilidade de tomar uma decisão ou fazer algo com base em lógica, e não em emoções. É ter consciência de pensamento e raciocínio para analisar situações, interpretar dados, buscar entender como as frações interferem no todo, reunindo todas as informações que precisa para tomar atitudes mais assertivas e entregar soluções fundamentadas. Pessoas com boa capacidade analítica observam, sabem ouvir, são proativas e buscam novos conhecimentos por meio de leitura e aprendizagem contínua.

Comunicação verbal

Comunicar-se é uma arte, e nós já sabemos disso! Quem se comunica, comunica algo com alguém, ou seja, além de sua habilidade de comunicação, é preciso considerar o outro (o ouvinte) e como essa comunicação será interpretada. Comunicação é uma troca, quem comunica precisa ser facilmente compreendido.

Assim, é a capacidade de se fazer entender e de se expressar de maneira concisa, inteligente e o mais simples possível, transmitindo informações de maneira precisa e preocupando-se se o receptor entendeu corretamente. Pessoas com boa comunicação são empáticas, analíticas, assertivas e sabem ouvir.

Assertividade

É a habilidade de posicionar-se de maneira segura, de passar firmeza e segurança em sua comunicação e atitudes, e de defender ou expressar uma ideia, um argumento ou um posicionamento de modo tranquilo, coerente, respeitoso, direto, claro e dentro do contexto. Pessoas assertivas são analíticas, empáticas e se comunicam bem.

Tomada de decisão

É a capacidade de assumir riscos ponderados com base em dados, de visualizar, analisar e avaliar cenários para decidir pela melhor solução. Pessoas que sabem tomar decisões assertivas e eficazes são corajosas, analíticas e equilibradas.

Organização

É a capacidade de manter uma rotina adequada e saudável, definindo prioridades a fim de realizar tudo que precisa em tempo hábil, cumprindo objetivos e tornando o dia produtivo. Sabe administrar bem o tempo, colocando em ordem as atividades e o ambiente, favorecendo uma rotina menos estressante e mais eficiente. Pessoas organizadas são produtivas, eficientes e assertivas.

Planejamento

É a capacidade de organizar, de estabelecer um plano estratégico com prazos, metas, ferramentas e indicadores de mensuração de resultados necessários para entregas eficazes. Realiza e acompanha atividades, demandas e projetos com maior eficácia, sem desperdiçar tempo e esforço desnecessário. Pessoas com essa habilidade são organizadas, focadas, analíticas e eficazes.

Bom humor

É a habilidade de tratar a todos com gentileza, simpatia e disponibilidade, de manter-se cordial, equilibrado e otimista mesmo em situações adversas. É impossível separar totalmente vida pessoal e profissional, mas é importante lembrar também que as outras pessoas não têm culpa do que nos acontece e não podemos deixar que sejam atingidas por isso. Pessoas bem-humoradas tendem a ser empáticas, equilibradas e positivas.

Proatividade

É a capacidade de se antecipar aos problemas, minimizar ou não deixar que aconteçam, de prever situações e necessidades e antecipar soluções inovadoras. Pessoas proativas são analíticas e possuem escuta ativa.

Você percebeu como as soft skills se relacionam? Nunca utilizamos uma única soft skill em nossas ações e atividades. E o mais importante é que as soft skills podem ser treinadas e desenvolvidas por meio de leituras, ações, cursos, palestras, vídeos, exposições a situações adversas e até mesmo pela coragem de se colocar em situações que nos fazem sentir medo. Basta ter consciência de suas necessidades e querer se desenvolver, pois isso vai muito além do trabalho, é para a vida.

Autoavaliação de soft skills para quem trabalha com recrutamento e seleção

Para propiciar uma jornada de descoberta, autoconhecimento e desenvolvimento, trazemos aqui, no quadro 9.1, a oportunidade de realizar uma autoavaliação com foco em soft skills, uma poderosa ferramenta de autorreflexão e desenvolvimento. Essa autoavaliação permitirá que você avalie como estão as soft skills essenciais em relação ao seu comportamento e atitudes do dia a dia, evidenciando o que está bom e o que precisa ser aprimorado ou desenvolvido.

Ao ler e analisar as soft skills do quadro, pense em seus comportamentos diante de determinadas situações vividas, buscando evidências (ou não) das soft skills. Leia atentamente os critérios dos graus e preencha o grau (de 1 a 5) mais adequado, de acordo com sua autoavaliação e comportamento atual. Durante ou depois do preenchimento, caso tenha dúvidas se foi coerente nas respostas, peça a opinião de alguém de sua confiança, solicitando a percepção sobre seu comportamento em relação às descrições das soft skills.

Quadro 9.1 – Autoavaliação comportamental com foco em soft skills

Critérios: 1 = Nenhuma evidência / 2 = Pouca evidência / 3 = Média evidência / 4 = Boa evidência / 5 = Forte evidência

Soft skills	Descrição do que é esperado	1	2	3	4	5
Escuta ativa	Escuto com atenção e paciência, sem interromper e sem perder o foco. Utilizo a escuta ativa para observar comportamentos e obter informações que necessito.					
Empatia	Consigo me colocar no lugar do outro e compreender suas motivações. Tenho facilidade em estabelecer uma relação positiva e agradável que favoreça a outra pessoa e o meu trabalho.					
Capacidade de análise ou pensamento crítico/analítico	Sou capaz de separar razão de emoção em minhas análises. Reservo tempo para pensar e analisar minha rotina. Faço análises assertivas com base em fatos e dados. Utilizo a capacidade de análise para potencializar meus resultados e minhas entregas.					
Comunicação	Expresso-me de maneira eficaz. Faço-me entender com clareza, certificando-me de que o receptor entendeu a mensagem. Utilizo a comunicação a meu favor para transmitir informações importantes que impactam positivamente nos resultados.					
Assertividade	Sou capaz de me posicionar e defender ideias e argumentos com firmeza, respeito e cordialidade, transmitindo segurança para as outras pessoas dentro de um contexto adequado por meio de minha comunicação e de minhas atitudes.					
Tomada de decisão	Sou capaz de assumir riscos calculados e avaliar os cenários possíveis para decidir em tempo hábil pela melhor solução.					
Organização	Minha rotina é baseada em prioridade e dificilmente me estresso, pois minhas atividades e meu ambiente têm uma organização que favorece meu trabalho, minha rotina e meu tempo.					

(cont.)

Critérios: 1 = Nenhuma evidência / 2 = Pouca evidência / 3 = Média evidência / 4 = Boa evidência / 5 = Forte evidência					
Soft skills	Descrição do que é esperado	1	2	3	4	5
Planejamento	Estabeleço planos com prazos e metas com base em ferramentas e indicadores que favoreçam meu tempo, meus resultados e minhas entregas.					
Bom humor	Tenho controle e equilíbrio de minhas reações e emoções em situações adversas. Sou capaz de manter o bom humor e ser gentil, estabelecendo uma comunicação positiva e agradável.					
Proatividade	Minha postura é preventiva, sou hábil em prever e me antecipar aos problemas, entregando soluções viáveis e inovadoras que agregam valor ao resultado.					

O ideal é que suas respostas estejam entre os graus 4 e 5. O grau 5 significa manutenção das soft skills, o que também não é uma tarefa simples, mas que quer dizer que você já demonstra as soft skills em seus resultados com excelência e algumas vezes até acima da expectativa. Já o grau 4 ou inferior indica que as soft skills necessitam de ações para o desenvolvimento delas, ou seja, que você pode fazer entregas eficazes, mas que há espaço para melhorias.

Ao identificar o que precisa ser aprimorado ou desenvolvido, leia mais sobre as soft skills em questão, busque técnicas, cursos e exercícios, siga especialistas no tema, procure um analista de T&D ou um mentor, e pratique em situações do seu dia a dia. Depois de seis meses, refaça a autoavaliação para visualizar a sua evolução. Você verá o quão satisfatório é ver o quanto evoluiu, afinal, o conhecimento é o que move sua carreira.

Considerações finais

O investimento em soft skills é um reflexo da compreensão de que o conhecimento técnico, embora crucial, não é o único componente de uma carreira bem-sucedida. As habilidades interpessoais e de gestão contribuem significativamente para a construção de equipes mais coesas, ambientes de trabalho mais saudáveis e, consequentemente, para o aumento da produtividade e da inovação. Esse desenvolvimento contínuo também demonstra proatividade e disposição para crescer, qualidades altamente valorizadas no mercado de trabalho.

Portanto, em um cenário que valoriza a agilidade e a capacidade de adaptação, investir no aprimoramento das soft skills é investir na própria carreira. É uma maneira de se manter relevante, competitivo e preparado para os desafios futuros, garantindo não apenas a sobrevivência no mercado de trabalho, mas também a possibilidade de prosperar e liderar em um ambiente em constante evolução.

Agora, você já tem tudo o que precisa para fazer recrutamento e seleção com foco em hard e soft skills de maneira mensurável, criteriosa, assertiva, sustentável, fidedigna, humana e estratégica, com capacidade de entregar máxima qualidade em seus resultados, demonstrando credibilidade e objetividade em todo o processo. Afinal, você tem em mãos ferramentas para o seu desenvolvimento e para que continue crescendo e alçando voos ainda mais altos.

Sabemos que os desafios são muitos e que é possível superá-los, mas, para isso, é preciso agir. Só a ação tem o poder de promover mudanças. Sem dúvida, quem utiliza essa metodologia e investe no desenvolvimento contínuo garante diferencial competitivo. Seja um especialista, faça diferente e faça a diferença!

Desejamos muito sucesso em sua carreira e em sua vida!

ANEXOS

Ferramentas práticas para o processo seletivo e para o recrutador

A preparação é o segredo para o sucesso. Não à toa, dizem que a sorte é a oportunidade que encontra alguém que está preparado.

Neste espaço, separamos um material relevante para sua preparação, para alavancar seu aprendizado e sua prática. Aqui você encontrará importantes ferramentas que fazem parte do planejamento e da organização do processo seletivo e que antecedem o momento da entrevista, garantindo maior eficácia para este momento crucial.

Soft skills para consulta

O quadro 1 apresenta uma lista com 76 soft skills para que você possa consultar e utilizar no mapeamento de competências.

Quadro 1 – Setenta e seis competências comportamentais (soft skills)

1. Adaptabilidade	26. Empatia	52. Liderança proativa
2. Administração do tempo	27. Empreendedorismo	53. Liderança treinadora
3. Agilidade	28. Engajamento	54. Negociação
4. Antifragilidade	29. Entusiasmo	55. Objetividade
5. Aprendizado ativo	30. Equilíbrio emocional	56. Organização
6. Assertividade	31. Escuta ativa	57. Pensamento crítico
7. Atenção	32. Espírito de equipe	58. Persistência
8. Bom humor	33. Estratégia	59. Persuasão
9. Capacidade de análise	34. Ética	60. Planejamento
10. Capacidade de cumprir normas e procedimentos	35. Flexibilidade	61. Proatividade
	36. Fluência verbal	62. Raciocínio lógico
11. Capacidade de risco	37. Foco em resultado	63. Relacionamento interpessoal
12. Capricho	38. Foco no cliente	
13. Clareza	39. Humildade	64. Rendimento sob pressão
14. Comprometimento	40. Influência	65. Resiliência
15. Comunicação não verbal	41. Inovação	66. Resistência à frustração
16. Comunicação verbal	42. Inteligência emocional	67. Resolução de problema
17. Concentração	43. Liderança	68. Respeito
18. Cooperação	44. Liderança delegadora	69. Saber ouvir
19. Cortesia	45. Liderança desenvolvedora	70. Solicitude
20. Criatividade	46. Liderança estratégica	71. Solução de conflito
21. Determinação	47. Liderança inspiradora	72. Tolerância
22. Dinamismo	48. Liderança integradora	73. Tomada de decisão
23. Disciplina	49. Liderança motivadora	74. Trabalho em equipe
24. Discrição	50. Liderança orientadora	75. Visão estratégica
25. Disponibilidade	51. Liderança participativa	76. Visão sistêmica

Perguntas comportamentais com foco em soft skills

Utilize o quadro 2 como um modelo para a construção da ferramenta de entrevista comportamental. Neste quadro, você vai encontrar:

- Uma relação de cerca de sessenta soft skills separadas em minigrupos e selecionadas por similaridade. (Lembre-se, é apenas um exemplo, que deve ser adaptado para cada cargo ou cada empresa.)

- Definição dos minigrupos de soft skills similares.

- Noventa e oito perguntas comportamentais personalizadas de acordo com os minigrupos de soft skills para identificar essas competências no perfil comportamental dos candidatos. A escolha da pergunta certa mostrará os indicadores de soft skills presentes no perfil do candidato. (Lembre-se, esta é uma ferramenta para consulta, pesquisa, fixação e aprendizado.)

Atenção: tanto as soft skills quanto as perguntas comportamentais devem ser adaptadas para cada cargo ou função, de acordo com a necessidade do cargo, uma vez que cada cargo exige um determinado perfil de competências (hard e soft skills). O quadro 2 representa apenas um exemplo de como você pode montar as perguntas comportamentais para a entrevista.

Quadro 2 – Perguntas comportamentais com foco em soft skills

Soft skills	Definição	Perguntas comportamentais
Administração do tempo Agilidade	Capacidade de se programar e criar estratégias para não perder prazos, ganhar tempo de qualidade e evitar estresses por atrasos.	Relembre e conte uma situação em que você teve dificuldade para cumprir os prazos combinados. O que você fez quando viu que não conseguiria entregar algo dentro do prazo? Conte situações em que conseguiu entregar antes do prazo e como foi. Conte sobre experiências em que foi reconhecido pelas entregas dentro do prazo e com qualidade. Dê exemplos de situações em que sofreu alguma penalidade por atraso na entrega.
Assertividade	Assertividade não é sobre errar ou acertar, e sim sobre a habilidade social de se posicionar de maneira firme e clara sobre os próprios direitos, expressar sentimentos, pensamentos e crenças de modo correto e seguro.	Relate situações em que foi difícil expressar sua opinião sobre um fato complexo. Descreva uma situação em que foi penalizada por expressar suas reais emoções ou sentimentos sobre algum acontecimento. Conte sobre alguma vez em que conseguiu se expressar corretamente numa situação delicada.
Bom humor Entusiasmo	Capacidade de manter a automotivação e agir com entusiasmo nos relacionamentos, na rotina e nos projetos.	Conte sobre alguma situação difícil que tenha acabado com seu senso de humor. Fale sobre os projetos que executou com maior entusiasmo e por quê.

(cont.)

Soft skills	Definição	Perguntas comportamentais
Capacidade de cumprir normas e procedimentos Disciplina Ética	Podemos entender como um conjunto de normas, regras e procedimentos que buscam estimular o comportamento e as ações organizacionais de modo que possa consolidar uma reputação positiva e de credibilidade no mercado.	Dê exemplos de procedimentos disciplinares difíceis de serem aceitos e praticados e como foi. Conte sobre situações em que teria sido mais fácil passar por cima de algumas normas ou procedimentos. Dê exemplo de alguma situação em que as normas ou procedimentos dificultaram muito a execução de algum projeto.
Capacidade de risco Capacidade de análise Tomada de decisão	Capacidade de fazer análise de risco diante de situações difíceis, delicadas e estratégicas para decidir com assertividade.	Conte sobre as decisões mais importantes que já tomou nos últimos tempos e como foi. Conte sobre situações em que tomou uma decisão e se arrependeu por alguma questão. Dê exemplo de decisões complexas que precisou analisar muitas variáveis para que o resultado fosse positivo.
Capricho Foco em resultados	Capacidade de realizar as rotinas com zelo e capricho, sempre observando o que pode ser melhorado nos resultados.	Relate situações em que recebeu elogios por um trabalho muito bem-feito. Conte sobre alguma situação em que teve que refazer um trabalho ou projeto. Descreva situações em que atrasou uma entrega por preocupação com a qualidade. Dê exemplos de situações em que seus resultados foram amplamente reconhecidos.

(cont.)

Soft skills	Definição	Perguntas comportamentais
Clareza Objetividade Fluência verbal	Capacidade de organizar argumentação de maneira clara, objetiva, assertiva e com a fluência que o tema e a situação exigem.	Dê exemplo de uma situação muito difícil em que precisou planejar e ensaiar o modo de passar a informação. Conte sobre alguma vez em que, diante de uma situação muito delicada, conseguiu a maneira certa de se posicionar e se fazer compreender por todos. Descreva qual a situação em que teve maior dificuldade de se fazer entender pelo outro.
Comunicação interpessoal	Capacidade de se comunicar claramente com diferentes públicos, em situações positivas e negativas, primando pela melhor maneira de entregar a comunicação.	Conte sobre situações em que, encontrando um clima pesado, conseguiu influenciar positivamente e reverter aquela situação constrangedora. Dê exemplo da situação mais difícil que já enfrentou na comunicação com um superior. Conte como se planejou para fornecer uma informação difícil para sua equipe.
Concentração Atenção	Capacidade de manter atenção concentrada para tarefas que tenham essa necessidade.	Dê exemplos de situações em que, diante de um ambiente turbulento, sua capacidade de concentração foi um diferencial para buscar uma solução eficaz. Dê exemplo de uma situação em que os ruídos internos dificultaram a sua concentração para um projeto que exigia muita atenção.

(cont.)

Soft skills	Definição	Perguntas comportamentais
Cooperação Espírito de equipe	Capacidade de oferecer ajuda diante da necessidade do outro, mesmo quando estiver com excesso demanda, sem que esta seja prejudicada.	Conte sobre alguma situação em que, mesmo sobrecarregado, ofereceu ajuda a alguém que necessitava. Dê exemplos de situações em que colegas ou clientes internos dependiam de sua ajuda e você os atendeu mesmo estando com muita demanda.
Cortesia Gentileza	Capacidade de demonstrar empatia no relacionamento com superiores, liderados, clientes internos e externos, agindo de modo cortês e agradável, e promovendo uma interação positiva e motivadora.	Dê exemplos de situações difíceis em que manteve sua gentileza para aliviar o ambiente. Relate algumas situações em que o clima estava tão pesado que não foi possível manter a cortesia de sempre.
Disponibilidade Solicitude	Capacidade de demonstrar que sente prazer em contribuir, cooperar e ajudar em situação que se faça necessário.	Dê exemplos de situações em que teve maior dificuldade para colaborar com alguém que precisava. Relate alguma situação em que não pôde atender um pedido de ajuda e como foi.
Criatividade Inovação	Capacidade de ofertar novas ideias, criar soluções para problemas inesperados e inovar rotinas e processos, que possam revitalizar e potencializar resultados.	Conte sobre as mudanças mais produtivas que fez na sua área de atuação. Quais as ideias mais lucrativas e inusitadas que teve para solução de um problema? Relate alguma vez em que apresentou um projeto que foi recusado e como foi. Quais as sugestões de mudanças mais importantes que apresentou para sua liderança?

(cont.)

Soft skills	Definição	Perguntas comportamentais
Determinação Persistência	Capacidade de manter os objetivos e propósitos mesmo diante de adversidades, refazendo os planos e perseguindo os objetivos até que sejam alcançados.	Dê exemplo de alguma situação em que teve todos os motivos para desistir de um objetivo, mas foi até o fim. Conte sobre objetivos que desistiu ou substituiu e por quê. Conte uma situação em que foi doloroso abandonar um projeto. Conte situações em que teve de refazer as rotas de um objetivo muitas vezes para chegar no resultado.
Dinamismo Flexibilidade Adaptabilidade	Capacidade de disposição para mudanças, de adaptar-se a novas realidades, novas regras e novos contextos, absorvendo o novo com energia e positividade.	Quais as mudanças que administrou com maior sucesso? O que fez quando sua equipe não aceitou alguma mudança ou um novo procedimento? O que fez para sensibilizar sua liderança para mudanças que desejava implementar? Como influenciou a equipe para aceitar mudanças?
Discrição Humildade Respeito	Capacidade de manter uma postura ética, demonstrando humildade no modo de agir e conviver, respeitando o outro mesmo quando pensa ou se posiciona de maneira diferente de você.	Conte sobre situações que exigiam muita discrição e como você agiu. O que você fez para manter nas pessoas de sua equipe uma postura humilde e respeitosa com clientes internos e externos? Conte como agiu em alguma situação em que não concordava com o posicionamento do outro.

(cont.)

Soft skills	Definição	Perguntas comportamentais
Engajamento Comprometimento	Capacidade de sentir a necessidade de entregar o melhor possível, de esgotar todas as possibilidades para se superar em qualidade nas entregas.	Relate situações em que, com poucos recursos, conseguiu entregar um resultado extraordinário. Descreva alguma vez em que assumiu um projeto como se fosse seu, fazendo quase o impossível para entregar com qualidade máxima.
Empatia Saber ouvir	Capacidade de entender o sentimento e a necessidade do outro, ouvindo com atenção e disponibilizando ajuda e cooperação.	Relate alguma situação em que entendeu uma necessidade específica de alguém e fez a diferença no suporte que ofereceu. Descreva alguma situação em que um colaborador enfrentava uma situação adversa e precisava ser ouvido, ficando muito grato pela sua ação de ouvir com atenção e motivar para solução.
Empreendedorismo Proatividade	Capacidade de prever necessidades e antecipar soluções inovadoras, superando as expectativas, seja qual for a área de atuação.	Dê exemplos de situações em que antecipou informações ou ações que ajudaram a potencializar resultados. Quais foram seus projetos de melhor e maior resultado? Quais os maiores investimentos que fez na sua equipe? Quais os resultados mais importantes que entregou no último cargo?

(cont.)

Soft skills	Definição	Perguntas comportamentais
Equilíbrio emocional Resiliência	Capacidade de manter o equilíbrio das emoções, mesmo diante de situações mais estressantes, sempre mantendo o foco na solução.	Conte sobre situações em que conseguiu apaziguar uma situação de conflito na equipe ou cliente. Relate situações em que perdeu o equilíbrio se posicionando de maneira inadequada. Dê exemplos de situações em que sua participação foi fundamental para suavizar o conflito e manter o foco na solução do problema.
Estratégia Planejamento	Capacidade de criar planos estruturados e organizar estratégias para seguir os planos dentro dos prazos e padrão de qualidade, sendo capaz de refazer rotas se necessário.	Quais os planos mais estratégicos que você já criou? Dê exemplo de um planejamento com gaps que precisaram de revisão. Fale sobre as ferramentas de planejamento que mais usou na sua experiência. Conte sobre projetos que precisaram de mudanças nas estratégias.
Foco no cliente Relacionamento interpessoal	Capacidade de manter um relacionamento confiável, gentil e motivador com clientes internos e externos.	Dê exemplos de situações em que teve maior reconhecimento de clientes internos ou externos pela qualidade do seu atendimento. Relate os maiores conflitos com clientes e como foi. Descreva alguma situação em que conseguiu acalmar um cliente fora do controle e reverter a insatisfação dele. Dê exemplos de clientes fora do controle que não conseguiu acalmar e o que fez.

(cont.)

Soft skills	Definição	Perguntas comportamentais
Liderança desenvolvedora, treinadora e orientadora	Capacidade do líder de identificar necessidades da equipe, sendo capaz de orientar, treinar e contribuir com o desenvolvimento de competências de seus colaboradores.	Relate histórias de pessoas que você conseguiu desenvolver a ponto de fazer uma carreira ascendente. Descreva um treinamento específico, técnico ou comportamental que mudou os resultados de um colaborador. Conte sobre projetos que necessitam do seu suporte do início ao fim e como foi.
Liderança integradora e motivadora	Capacidade do líder de criar estratégias e condições para manter a equipe coesa e motivada, principalmente em situações adversas.	Como fazia a integração de novos colaboradores na sua equipe? O que fazia quando percebia sua equipe desunida? Quais técnicas utilizou para manter a equipe motivada? O que fez quando notou a equipe desmotivada?
Liderança delegadora, estratégica e participativa	Capacidade do líder de identificar os gaps de cada colaborador e criar um plano conjunto para desenvolver maturidade funcional e as competências necessárias até chegar ao nível de poder delegar com segurança.	O que fez para preparar seus colaboradores para receber delegação? Que estratégias criou para desenvolver maturidade funcional na equipe? Como fazia para acompanhar o andamento dos projetos da equipe? Em quais situações costumava fornecer feedbacks para a equipe?

(cont.)

Soft skills	Definição	Perguntas comportamentais
Negociação Persuasão	Capacidade de criar estratégias com vários caminhos e possibilidades, prever as possíveis estratégias do oponente, ter sucesso em qualquer situação de negociação.	Fale sobre as ferramentas de negociação que utilizava nas negociações mais estratégicas. Como se preparava para uma negociação difícil? Conte sobre uma negociação muito complexa com um resultado muito positivo. Relate uma negociação vitoriosa quando isso parecia impossível. Descreva uma negociação muito importante que não conseguiu um bom resultado.
Organização	Capacidade de se manter organizado internamente e com as rotinas e projetos digitais e físicos de modo que as consultas sejam otimizadas e eficazes.	O que fazia para se manter organizado em excesso de demanda? Quais suas estratégias para se manter organizado internamente? O que fazia quando tinha dificuldade para encontrar rapidamente o que lhe era solicitado?
Rendimento sob pressão Resistência à frustração	Capacidade de manter o equilíbrio das emoções diante de adversidades, situações de estresse, excesso de pressão e acontecimentos indesejados e inesperados, procurando manter a razão, o equilíbrio e a capacidade de raciocinar e buscar soluções necessárias.	Dê exemplos de situações extremas em que não conseguiu manter o equilíbrio das emoções. Descreva situações conflitantes em que conseguiu manter o equilíbrio e ajudar os envolvidos a se acalmarem e retomar o foco. Relate adversidades que invadiram suas emoções tornando impossível dar continuidade naquele momento. Conte sobre situações de extrema pressão que não impactaram negativamente no seu emocional, conseguindo entregar resultados inesperados.

(cont.)

Soft skills	Definição	Perguntas comportamentais
Solução de conflito Comunicação não violenta	Capacidade de se afastar mentalmente da situação do conflito, buscando a melhor forma de comunicação, sem alteração de voz, sem acusações ou ofensas; solicitando um tempo para que os envolvidos possam se refazer para dar continuidade de forma pacífica; utilizando perguntas adequadas para que as pessoas pensem e se posicionem sem que um invada o tempo do outro; e buscando um clima positivo e calmo, que ajude os presentes a se equilibrarem e focar na solução conjunta.	Que estratégias usou para administrar conflitos internos e externos? Como se prepara internamente para lidar com os comportamentos inadequados diante de um conflito? Dê exemplos de situações em que administrou com sucesso um conflito difícil de conduzir. Conte sobre uma vez em que, mesmo com muito empenho, não teve sucesso na solução de um conflito.
Visão estratégica Visão sistêmica	Capacidade do visionário de observar as necessidades de melhorias internas, observar o mercado e contexto externo e criar estratégias para promover as mudanças necessárias para atingir novos objetivos.	Conte sobre alguma inspiração visionária que você teve analisando o mercado externo. Dê exemplos de mudanças que promoveu internamente com base em análises de indicadores internos. Dê exemplos das estratégias de convencimento que utilizou para implantar um projeto ousado que tinha reflexo em outras áreas da empresa.

Os materiais deste Anexo são muito ricos, e você pode utilizá-los desde a fase inicial do processo seletivo. Mantenha-os sempre por perto! Ferramentas adequadas permitem não apenas a otimização dos processos internos, mas também asseguram que a seleção e o gerenciamento de talentos estejam alinhados com as competências, os valores, a cultura e os objetivos estratégicos da empresa.

A metodologia de entrevista e seleção por competências e as ferramentas aqui apresentadas contribuirão de maneira efetiva, personalizada e direcionada para que você avalie e encontre perfis compatíveis com a realidade e a necessidade da organização, contratando talentos aderentes e com potencial de crescimento.

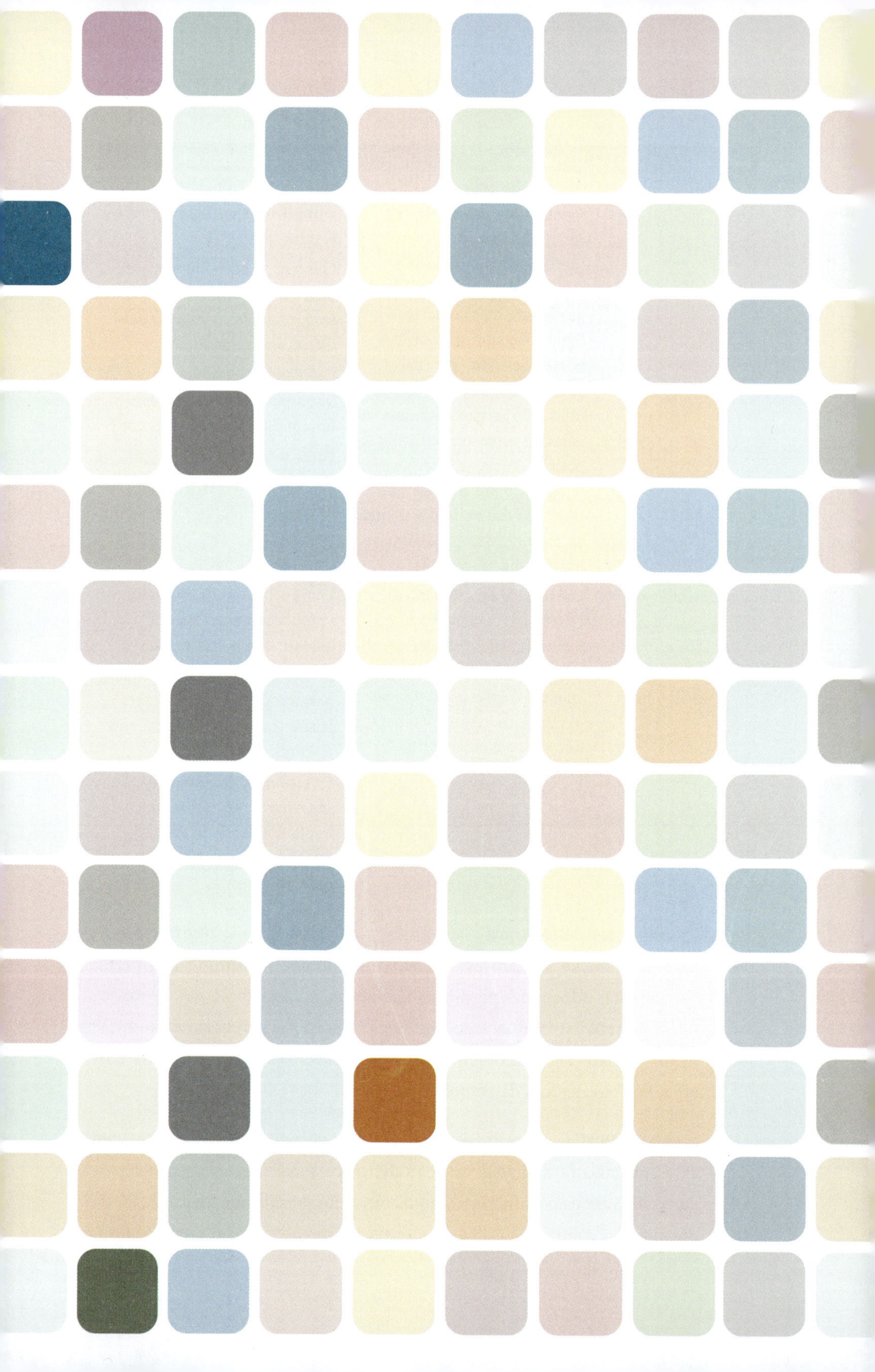

Referências

ACADEMIA BRASILEIRA DE MARKETING – ABRAMARK. Drucker's Daily 474. **Abramark**, 18 maio 2023. Disponível em: https://abramark.com.br/druckers-daily/druckers-daily-474-a-melhor-maneira-de-prever-o-futuro-e-cria-lo/. Acesso em: 6 jun. 2024.

BLOG GAZIN ATACADO. Os funis do varejo – parte 2: funil da equipe. **Blog do Varejo**, 21 set. 2015. Disponível em: https://blog.gazinatacado.com.br/os-funis-do-varejo-parte-2-funil-da-equipe/. Acesso em: 17 jun. 2024.

CORREIO BRAZILIENSE. Claudia Werneck milita há mais de 20 anos em prol de uma cultura inclusiva. **Correio Braziliense**, 18 dez. 2016. Disponível em: https://www.correiobraziliense.com.br/app/noticia/diversao-e-arte/2016/12/18/interna_diversao_arte,561615/qual-e-a-causa-de-claudia-werneck.shtml. Acesso em: 5 jun. 2024.

FLORY, Charles D. (ed.). **Managers for tomorrow**. New York: New American Library, 1965.

INSTITUTO SUPERIOR DE ADMINISTRAÇÃO E ECONOMIA DO MERCOSUL – ISAE. As competências do futuro segundo o Fórum Econômico Mundial. **Isae**, [s. d.]. Disponível em: https://isaebrasil.com.br/as-competencias-do-futuro/. Acesso em: 24 jun. 2024.

JUNG, Carl Gustav. **Estudos sobre psicologia analítica**. Obras completas, vol. VII. 3. ed. Petrópolis: Vozes, 1991, p. 5.

RABAGLIO, Maria Odete. **Como capacitar a equipe gestora do projeto de gestão por competências**. São Paulo: Rabaglio, 2015. Vídeo.

RABAGLIO, Maria Odete. **Como implantar gestão por competências**: passo a passo. São Paulo: Rabaglio, 2015. E-book.

RABAGLIO, Maria Odete. **Competências organizacionais ou corporativas**: como implantar em 8 passos. São Paulo: Rabaglio, 2015. E-book.

RABAGLIO, Maria Odete. **Entrevista comportamental com foco em hard e soft skills**. São Paulo: Rabaglio, 2021. E-book.

RABAGLIO, Maria Odete. **Ferramentas de avaliação de performance com foco em competências**. 3. ed. Rio de Janeiro: Qualitymark, 2010.

RABAGLIO, Maria Odete. **Gestão por competências**: ferramentas para atração e captação de talentos humanos. 3. ed. Rio de Janeiro: Qualitymark, 2014.

RABAGLIO, Maria Odete. **Jogos para seleção com foco em competências**. Rio de Janeiro: Qualitymark, 2006.

SINEK, Simon. 100% of customers are people. 100% of employees are people. If you don't understand people, you don't understand business. [Citação em blog pessoal]. **X**, 28 out. 2009, às 13:04. Disponível em: https://x.com/simonsinek/status/5232157344. Acesso em: 19 jun. 2024.

WORLD ECONOMIC FORUM – WEF. Future of jobs report: 2023 – insight report. **WEF**, maio 2023. Disponível em: https://www3.weforum.org/docs/WEF_Future_of_Jobs_2023.pdf. Acesso em: 24 jun. 2024.